FRI

ZWEI
KRIMINALSTORYS

Bearbeitet von: Gisela Betke Nielsen
Illustrationen: Erik Strøm

GEKÜRZT UND VEREINFACHT
FÜR SCHULE UND SELBSTSTUDIUM

Diese Ausgabe, deren Wortschatz nur die
gebräuchlichsten deutschen Wörter umfasst,
wurde gekürzt und in der Struktur vereinfacht und ist damit den Ansprüchen des
Deutschlernenden auf einer frühen Stufe
angepasst.

**Dieses Werk folgt der
reformierten Rechtschreibung
und Zeichensetzung.**

Herausgeber: Ulla Malmmose

Umschlagentwurf: Mette Plesner
Umschlagillustration: Pawel Marczak

Copyright © 1990 By Friedhelm Werremeier
and EASY READERS, Copenhagen
- a subsidiary of Lindhardt og Ringhof Forlag A/S,
an Egmont company.
ISBN Dänemark 978-87-23-90270-2
www.easyreader.dk
The CEFR levels stated on the back of the book
are approximate levels.

Gedruckt in Dänemark von
Sangill Grafisk Produktion, Holme Olstrup

FRIEDHELM WERREMEIER (* 1930)

Friedhelm Werremeier war Journalist und Verfasser kriminalogischer Sachbücher, ehe er Kriminalromane zu schreiben begann. Seine Romane wurden durch die Fernsehreihen »Tatort« und »Peter Strohm« bekannt, die in Zusammenarbeit mit dem Nordwestdeutschen Rundfunk entstanden. In allen seinen Romanen spielt Paul Trimmel, Kommissar bei der Hamburger Kriminalpolizei, die Hauptrolle.

Die vorliegenden zwei Kriminalstorys sind dem Band »Treff mit Trimmel« entnommen.

ANDERE WERKE DES AUTORS

Ich verkaufe mich exklusiv; Taxi nach Leipzig; Der Richter in Weiß; Ohne Landeerlaubnis; Ein EKG für Trimmel; Platzverweis für Trimmel; Trimmel macht ein Fass auf; Hände hoch, Herr Trimmel; Trimmel und der Tulpendieb; Trimmel hält ein Plädoyer; Trimmel hat Angst vor dem Mond; Trimmel und Isolde.

INHALT

MÖRDER AUF DEM TOTEN GLEIS

das Gleis

Der Sommerhimmel ist von morgens bis spätnachmittags grau. Der Sommerregen ist kalt. Der August – so sagen die Zeitungen – ist der ungemütlichste August seit sechsundzwanzig Jahren.

5 »Typisch Hamburg!«, sagen die Hamburger. In den Bergen, liest Trimmel, muss man schon mit Schnee rechnen.

»Was soll das?«, fragt Trimmel. »Siehst du nicht, dass ich zu tun habe?«

10 Petersen legt Trimmel ein Fernschreiben neben die Zeitung und sagt: »Dann werfen Sie es doch weg! Dieser *Bankraub* gestern in Ulm! Zwei Leute einfach erschossen ...«

»Ulm ist weit weg!«, sagt Trimmel.

15 »*Erinnern* Sie *sich* an die beiden Jungen aus Bayern? Ich weiß gar nicht, warum die Leute immer in unsere Gegend kommen!«

Im Grunde weiß er es genau: Es ist die Reeperbahn, die gefährlichste Straße der Welt mit den besten *Spitzeln*
20 der Bundesrepublik. Nur das wissen kaum die *Ganoven*, die hier versuchen, eine große Rolle zu spielen.

---

der Raub, gewaltsames Wegnehmen von fremdem Besitz unter Drohung
sich erinnern, nicht vergessen
der Spitzel, der Spion
der Ganove, der Verbrecher

Trimmel antwortet nicht.

Petersen geht ins Vorzimmer, um für sich und Höffgen Kaffee zu kochen.

»Bekomme ich keinen?«, ruft Trimmel. Er wirft das Fernschreiben in den *Papierkorb*, die Zeitung auch, nimmt die Beine vom Schreibtisch und sieht aus dem Fenster des Polizeihochhauses im elften Stockwerk – tief auf Hamburg herunter. 5

Es regnet.

Typisch Hamburg. 10

Dass es seit fast zwei Wochen auch in ganz Deutschland geregnet hat, ist nur ein *Zufall*.

Später kommt Laumen ganz nass von einer Fahrt zurück. Er hat die Mittagszeitung mitgebracht, die letzte Ausgabe. Trimmel nimmt sofort die Zeitung. Auf der ersten Seite die Fotos von zwei Herren ohne Krawatte mit den Namen Blei und Bindermann, die *mutmaßlichen* Räuber und Mörder von Ulm, alte Bekannte der Polizei. Bei einem früheren Raub wurden sie von der Polizei fotografiert. Dann die Schlagzeile: Zwei Familienväter wurden im *Kugel*feuer der Gangster getötet! 15 20

Und im Text die *Nachricht*, dass die Gangster 165.000 Mark gestohlen haben.

die Kugel

der Papierkorb

---

der Zufall, ein Geschehen, das man nicht voraussehen kann
mutmaßlich, möglich
die Nachricht, die Neuigkeit

Trimmel steht auf und geht zu seinen Leuten.

»Habt ihr das gelesen?«, fragt er *entrüstet*.

»Ja, – vorhin im Fernschreiben!«, sagt Petersen spitz.

»Aha«, sagt Trimmel ärgerlich, aber doch freund-
5 lich. Und dann wirft er die Zeitung auch in den Papierkorb, Blei und Bindermann mit dem Gesicht nach
unten. Es wird ein Abend, an dem die Leute von der

---

entrüstet, ärgerlich

6

Hamburger Kriminalpolizei nicht nach Hause oder in die *Kneipe* gehen.

Die Sache von Ulm rollt inzwischen auf sie zu, mit über hundert Stundenkilometern, aber mit zehn Minuten Verspätung. 5

Im Hauptbahnhof von Hannover steht der Trans-Europ-Express »Blauer *Enzian*«. Der Lautsprecher gibt bekannt, dass der Zug vor der Weiterfahrt nach Hamburg erst noch auf den Trans-Europ-Express »Roland« warten muss. 10

Der Zugschaffner des »Blauen Enzian« sagt ärgerlich zu dem *Fahrdienstleiter*: »Ich möchte wissen, ob wir hier einmal pünktlich herauskommen.«

Eine attraktive Frau von Ende dreißig hat Sorgen: »Mein Mann darf nicht wissen, dass ich in Hanno- 15 ver war!« Der Mann, der die Frau zum Zug gebracht hat, sagt tröstend: »Vielleicht schafft er es noch bis Hamburg!«

Dann wieder der Lautsprecher: »Der verspätete Trans-Europ-Express 'Roland' von Mailand nach Bre- 20 men kommt jetzt auf Gleis neun an. Dieser Zug hat nur die erste Wagenklasse mit Extra ...«

»*Zuschlag*« ergänzt der Zugschaffner des »Blauen Enzian«, als man von einem anderen Gleis eine Lokomotive hört. 25

Zehn Minuten – das geht gerade noch. Besonders in diesem Regen. Es hat schon viel größeren Ärger in

---

die Kneipe, das Gasthaus
der Enzian, eine Bergblume
der Fahrdienstleiter, der Oberschaffner
der Zuschlag, die Extrakosten
ergänzen, zu Ende sagen

Hannover gegeben, an der *Kreuzung* zwischen den beiden großen Zügen von Klagenfurt und München nach Hamburg und von Mailand nach Bremen.

die Kreuzung

Beruhigt kauft sich Zugschaffner Erwin Mohr
5 schnell noch eine Zeitung.

Alfred Blei und Hans Bindermann, Fahrgäste mit Extrazuschlag und zur Zeit auch mit klopfenden Herzen, stehen mit vier wichtigen Reisetaschen vor einer Ausgangstür des »Roland« und sehen die vorbeiflie-
10 genden Lichter von Hannover.

Der Zug wird langsamer. Man hört die *Bremsen.* Auch ein TEE ist nicht hundertprozentig pünktlich. Endlich der Hauptbahnhof!

»Gott sei Dank!«, sagt Blei, »da drüben steht unser
15 Zug!«

»Das ist ja wohl nicht der letzte Zug nach Hamburg!«, sagt Bindermann.

»Aber so ist es besser!«, sagt Blei. »Wir müssen uns beeilen!«
20 »Angst hast du wohl gar keine?«

Der andere lacht nur.

---

die Bremse, der Apparat, der eine Bewegung langsamer macht

»Noch zwei Stunden, *Kumpel*. Tausend ...« Aber den Rest sagt er nicht, weil sie direkt an dem Zugschaffner des »Blauen Enzian« vorbeikommen. Und der Lautsprecher sagt, dass sich die Reisenden zum »Blauen Enzian« bitte beeilen sollen. 5

»Nur zu gern!«, sagt Alfred Blei glücklich.

Er sieht, wie die verheiratete Frau an der Tür neben ihm von ihrem Freund fünfzig Mark bekommt. »Blumen kann ich dir ja nicht schenken!«, sagt der Mann traurig. 10

»Was soll das?«, fragt Linda verwundert.

»Trink ein Glas Champagner auf uns!«, sagt der Mann. »Du hast fast ein und eine halbe Stunde Zeit!«

Dann küsst sie ihn und Blei *grinst*. Ein Abschied ist immer etwas Schönes, denkt er. 15

Fast zur gleichen Zeit rollen die großen Züge dann aus dem lauten Bahnhof in den stillen Abend. Beide sind dünn besetzt, fast nur mit Männern. Der »Blaue Enzian« fährt allerdings mit einer verheirateten Frau *auf Abwegen* und zwei Gangstermördern mit ihrem 20 Raub.

Genau elf Minuten Verspätung.

Als Linda Jürgens in den Speisewagen kommt, sitzen nur zwei Männer an einem Tisch für vier Personen. Sie sind gerade hereingekommen, um Bier zu trinken. 25

Linda wird *gemustert*. Sie ärgert sich darüber und setzt sich möglichst weit weg von den beiden.

Oberkellner Giuseppe Verone geht sofort an ihren

---

der Kumpel, hier: der Mitarbeiter, der Freund
grinsen, breit lachen
auf Abwegen, auf moralisch falschen Wegen
mustern, genau ansehen

Tisch und sagt in perfektem Deutsch: »Guten Abend, *gnädige Frau*!«

Sie sieht kurz in die Weinkarte. »Eine halbe Flasche Heidsieck, bitte!«

5 »Sehr gern, gnädige Frau!«

Während Verone den Champagner aus der Küche holt, kommen Blei und Bindermann und noch zwei Herren herein. Jetzt sind sieben Fahrgäste im Speise-wagen. Verone glaubt nicht, dass noch mehr Leute bis 10 Hamburg in den Speisewagen kommen.

Zugschaffner Mohr hat ein Problem mit seinem Helfer. Der Mann sitzt im *Dienst*abteil und *stöhnt*.

»Immer noch Kopfschmerzen?«, fragt Mohr.

»Ooouuuh ...«, stöhnt der Mann.

15 »Dann bleib sitzen!«, sagt Mohr. »Ich mache für dich die Kontrolle.«

Er wirft noch schnell einen Blick auf die Zeitung mit den Bildern der beiden Bankräuber. Merkwürdig! Irgendwann hat er die Männer schon einmal gesehen!

20 Erwin Mohr geht durch den Zug. An dem schnellen Rollen der Räder rechnet er sich aus, dass der Zug schon zwei Minuten weniger Verspätung hat.

Bindermann steht im Speisewagen auf. Er hat nur wenig Bier getrunken. Er sagt: »Ich glaube, ich muss 25 auf die Toilette gehen!«

Es ist sein *Pech*, dass er auf dem Weg zur Toilette den

---

gnädige Frau, höfliche Form für: meine Dame
der Dienst, die Arbeit
stöhnen, vor Schmerzen klagen
das Pech, das Unglück

10

Zugschaffner trifft. Und diesmal *funkt* es bei Erwin Mohr. Vor Schreck bleibt ihm fast das Herz stehen: Mörder! Doppelmörder im Zug! Wie ist das in der deutschen Bundesbahn nur möglich?

Erwin Mohr sieht, dass der Mann aus dem Speisewa- 5 gen gekommen ist. Er läuft zurück ins Dienstabteil, sieht sich die Fotos in der Zeitung an, geht wieder nach vorn, sieht Blei und den gerade zurückgekommenen Bindermann beim Bier sitzen, geht möglichst *unauffällig* noch einen Wagen weiter nach vorn und 10 setzt sich stöhnend in ein leeres Abteil.

Inzwischen stöhnt schon das halbe Zugpersonal. Wohin soll das noch führen? Über hundert Kilometer in der Stunde!

Die Zugsekretärin Uschi Leichsenring malt sich die 15 Fingernägel rot, weil sie nicht viel zu tun hat. Den *Telefonhörer* hat sie an ihr Ohr gedrückt.

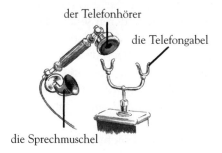

der Telefonhörer

die Telefongabel

die Sprechmuschel

»... doch noch ziemlich pünktlich«, sagt sie, »ich glaube, du kannst allmählich losfahren, Hauptbahn-

---

funken, hier: verstehen
unauffällig, ohne zu merken

hof, – natürlich liebe ich dich … einen Augenblick …«

Mohr reißt die Tür auf, macht sie schnell wieder zu, reißt Uschi den Hörer vom Ohr, drückt auf die *Telefon-gabel* und ruft:»Gib mir sofort die Kripo in Hamburg!«

5 Uschi ruft die Zentrale, meldet sich mit *zitternder* Stimme als »TEE 90« und verlangt das Polizeipräsidi-um Hamburg.

Mohr nimmt ihr den Hörer ab und sagt:»Bitte die Mordkommission! »

10 Die erste Nachricht aus dem nur noch wenig verspä-teten »Blauen Enzian« läuft jetzt bei der Kriminalpoli-zei ein.

»Fern*gespräch*?«, sagt Höffgen zur Polizeizentrale.»Ja, geben Sie … Ja, hier Kriminalinspektion eins, Kriminal-

15 assistent Höffgen … wer sind Sie?«

Mohr sagt ihm, wer er ist, aber das Telefon *knistert* und Höffgen versteht es erst einmal falsch.

»Moment mal!«, sagt er und hält die *Sprechmuschel* zu. Trimmel und die anderen sehen, dass er grinst.»Da

20 will einer Enzian verkaufen oder so …«

Trimmel nimmt Höffgen den Hörer aus der Hand.

»Ja, hier Trimmel … was sind Sie? Zugschaffner? Zugschaffner Mohr im 'Blauen Enzian'? Ach so, der Zug heißt 'Blauer Enzian', aha … und von dort telefo-

25 nieren Sie?«

Plötzlich knistert es nicht mehr und Mohr spricht so deutlich, dass jeder im Raum es versteht.

---

die Telefongabel, siehe Zeichnung auf Seite 11
zittern, sich ohne Willen leicht und schnell bewegen
das Gespräch, das Sprechen
knistern, einen hellen, unangenehmen Lärm machen
die Sprechmuschel, siehe Zeichnung auf Seite 11

»Herr Kommissar, ich bin ganz sicher, dass in diesem Zug die beiden Bankräuber Blei und Bindermann sitzen, die zwei Männer, die gestern in Ulm hundertfünfundsechzigtausend Mark gestohlen und zwei Menschen ermordet haben ... So steht das jedenfalls in der Zeitung.« 5

»Im MITTAG?«, fragt Trimmel sofort.

»Ja, im MITTAG, ich habe die Zeitung vorhin in Hannover gekauft und ...«

Petersen hat in Trimmels Papierkorb schon die Zeitung gefunden. 10

Draußen schlägt der Regen plötzlich gegen die Fenster, heftiger als vorher. Es wird immer dunkler.

»Wann kommen Sie in Hamburg an?«, fragt Trimmel.

»Nach dem Fahrplan sind wir zweiundzwanzig Uhr 15 vierunddreißig am Hauptbahnhof ... Im Moment haben wir allerdings noch ein paar Minuten Verspätung ...«

»Wo sitzen die Männer?«

»Zur Zeit im Speisewagen ...« 20

»Allein?«

»Nein, ich sage doch, beide!«

»Ich meine, sitzen noch andere Leute im Speisewagen?«

»Ja, leider ... aber ich könnte ...« 25

»Sie können gar nichts!«, sagt Trimmel. »Nicht einmal wir können da mehr machen, als pünktlich am Hauptbahnhof zu sein und die beiden ... Moment mal!«

Laumen, der direkt neben Trimmel steht, *flüstert* 30

---

flüstern, ganz leise sprechen

sehr leise, damit Mohr nichts versteht: »Aber am Hauptbahnhof sind doch tausend Leute!«

»Ich kann auf jeden Fall versuchen, die Männer im Speisewagen *einzusperren*!«, ruft Mohr energisch aus dem »Blauen Enzian«.

»Das werden Sie nicht tun!«, sagt Trimmel heftig in den Hörer. »Sie werden nichts tun, was für irgendjemanden gefährlich werden kann! Haben Sie verstanden?«

»Es war laut genug!«

»Also!«

»Und?«

»Diese *Leitung* bleibt als Dauerleitung stehen!«, bestimmt Trimmel. »Und Sie sind auf jeden Fall immer zu *erreichen*!«

»Typisch Polizei!«, sagt Erwin Mohr ärgerlich, als im Zugsekretariat der Hörer neben dem Telefon liegt. Die Sekretärin sieht ihn *entsetzt* an.

Mohr geht auf den Gang, sieht sich unauffällig um, sieht zurück ins Abteil und befiehlt:

»Bleib hier, Mädchen, sonst gibt es ein Unglück!«

»Ja, sicher!«, sagt Uschi Leichsenring mit zitternder Stimme und nimmt den Hörer ans Ohr.

Noch ziemlich genau eine Stunde bis Hamburg. *Geiselnahme*! geht es Mohr durch den Kopf. Schießen im TEE fordert mehrere ... ach das ist doch absurd, denkt Mohr.

---

einsperren, in einen Raum einschließen
die Leitung, die telefonische Verbindung
erreichen, hier: in Verbindung bleiben
entsetzt, sehr ängstlich
die Geiselnahme, Gefangennahme von Personen, um Forderungen durchzusetzen

Er geht zurück zum Speisewagen und geht hinein.

Immer noch sitzen sieben Personen im Speisewagen. In der Nähe von Mohr eine Dame, vor einer halbleeren Flasche Champagner.

»Bitte die Fahrkarten, gnädige Frau!«, sagt Mohr. 5

Sie bekommt einen Schreck. »Ach so ... ja ...«

Die Fahrkarten sind in Ordnung. Auch bei den beiden nächsten Fahrgästen. Der Zugschaffner hört, dass sie über ein medizinisches Problem sprechen.

Gott sei Dank sind die Fahrkarten der beiden Bier- 10
trinker zwei Tische weiter nicht ganz in Ordnung. Mohr sagt ernst zu ihnen: »Sie wollen von Düsseldorf über Hannover nach Hamburg?«

»Ja – und?«, sagt der eine.

»Das ist leider ein kleiner *Umweg*!«, sagt Mohr. 15
»Ungefähr vierzig Kilometer mehr als der direkte Weg über Münster, Bremen ... es ist also etwas teurer und wenn ich Sie bitten könnte ...«

»Wie viel?«

»Ich muss es ausrechnen. Wie gesagt, muss ich Sie 20
bitten, für einen Moment mit ins Dienstabteil zu kommen ...«

»Wir? Mit Ihnen?«

»Ja.«

»Also, ehrlich gesagt! Statt froh zu sein, dass man 25
überhaupt noch mit der Bundesbahn ...«

Dann sieht der Mann, dass der Zugschaffner ihn fest ansieht, dass seine Lippen lautlos das Wort »bitte« sagen.

Der Mann versteht, dass hier etwas im Gang ist.

»Na, schön«, sagt er, »komm, Oskar, gehen wir mit 30
ihm!«

---

der Umweg, der Weg, der länger ist als der direkte Weg

Die drei Männer gehen zurück in Richtung Zug-sekretärin – aus dem Speisewagen.

Und dabei wächst Erwin Mohr über sich selbst hin-aus.

5   Erstens *gelingt* es ihm, dem Oberkellner Giuseppe Verone zuzuflüstern, auch er solle ihm folgen. Zweitens

---

gelingen, Glück haben

16

sieht er an einem Koffer ein *Namensschild* mit dem Namen Dr. E. Grasshoff.

Vielleicht ist das in dieser Situation sehr wertvoll, denkt er.

Sie gehen in Uschis Sekretariat, Mohr, Giuseppe Verone und die beiden Fahrgäste, die Meyerling und Schultheiß heißen. Uschi hat den Hörer am Ohr.

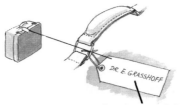

das Namensschild

»Ist die Polizei am Apparat?«, fragt Mohr schnell. Uschi schüttelt den Kopf.

Dann sagt Mohr zu Meyerling und Schultheiß: »Die beiden Männer am anderen Ende des Speisewagens sind gefährliche Schwer*verbrecher*. Sie sind sicher *bewaffnet*. Wir müssen unauffällig den Speisewagen *räumen*!«

»Zum Donnerwetter!«, sagt Schultheiß.

»Gehen Sie zurück in den Speisewagen, trinken Sie in Ruhe Ihr Bier aus und gehen Sie dann wieder heraus!«

»Aber erst bezahlen!«, sagt der blasse Verone. »Ich meine, dass man nichts merkt.«

»Ja, natürlich!«, antwortet Mohr.

---

der Verbrecher, der Räuber, der Mörder
bewaffnen, eine Pistole haben
räumen, verlassen

»Ich gehe da nicht wieder hin«, sagt Meyerling sehr nervös.

»Dann gehe ich allein!«, sagt Schultheiß.

Aber das will Meyerling auch nicht und dann marschieren sie ängstlich, aber zusammen zurück.

»Mamma mia!«, stöhnt der italienische Oberkellner. Dann hat er eine Idee.

»Diese Frau, Herr Mohr ... wissen Sie was, das mache ich allein!«

Und er marschiert sofort hinter den beiden her.

Mohr wird plötzlich sehr nervös.

Auch bei Trimmel findet ein hektischer Kriegsrat statt.

»Wissen wir überhaupt, wie viele Leute im Zug sind?«, fragt Höffgen.

»Bestimmt genug Geiseln für hundert Ganoven!«, sagt Trimmel.

Petersen denkt nach.

»Wenn wir diesen Zug irgendwo auf freier *Strecke* anhalten könnten.«

»Und? Das wäre viel gefährlicher!«

Zum Schluss fasst man einen schnellen *Beschluss*: Fünf Experten der Bundesbahn sind angekommen, verlangen und bekommen Dauerleitungen, machen Streckenpläne und bekommen den polizeilichen Befehl, den Zug nicht schneller, sondern langsamer fahren zu lassen.

Dieser *verdammte* Zeitdruck!

Trimmel telefoniert zum »Blauen Enzian« und bekommt Uschi.

---

die *Strecke*, die Verbindung zwischen zwei Orten
der *Beschluss*, das Beschließen
verdammt, hässliches Wort für: schlecht

»Ja, Herr Kommissar?«

»Den Zugschaffner, bitte!«

»Der ist gerade unterwegs!«

»O Gott – der macht doch hoffentlich keinen Unsinn?« 5

»Herr Mohr«, sagt Uschi energisch, »macht bestimmt keinen Unsinn!«

»Suchen Sie ihn! Er soll sich sofort melden! Hier sind außer mir auch noch einige seiner *Vorgesetzten*.«

»Ich kann ihn über den Lautsprecher rufen«, sagt 10 Uschi.

»Ja, sind Sie denn noch ...«

»Ich mache das schon!«, sagt Uschi ängstlich und plötzlich denkt sie daran, dass sie vor drei Jahren einmal als *Reiseleiterin* gearbeitet hat. 15

die Reiseleiterin

An fast alles haben Zugschaffner Mohr und Oberkellner Verone inzwischen gedacht. Vor den beiden Eingängen zum Speisewagen stehen zwei Männer in weißer Kleidung: ein Kellner und ein Koch. Der Kell-

der Vorgesetzte, der Chef

ner hält einen älteren Herrn zurück, der noch schnell ein Glas Wein trinken will. Er *fügt sich* ohne Protest. Der Koch hat es etwas schwerer mit einem jungen Paar.

5 »Es tut mir Leid, der Speisewagen ist schon geschlossen!«

»Hast du das gehört?«, sagt das Mädchen.

»Wir fahren doch fast noch eine Dreiviertelstunde ...«

»Wir haben einen kleinen Defekt in der elektri-
10 schen Küche!«, lügt der Koch.

»Kann man denn nicht wenigstens eine Flasche Bier bekommen?«

»Bier?«, sagt der Koch, »das ist *alle*!«

Der junge Mann regt sich auf und sagt: »Holen Sie
15 sofort den Oberkellner!«

»Er repariert die Küche ...«

»Du, komm«, sagt das Mädchen, »solche Personen sind manchmal gefährlich.«

Sie gehen los. Mohr, der gerade vorbeikommt,
20 braucht nicht mehr *einzugreifen*. Das junge Paar ist sauer und böse auf die Deutsche Speisewagengesellschaft. Der Tod ist *schlimmer*, denkt Erwin Mohr; denn er hat die *Verantwortung*.

Er sieht, dass Meyerling und Schultheiß eine Mark
25 Trinkgeld auf einen Teller gelegt haben und den Speisewagen verlassen. Dann kommt aus dem Lautsprecher eine merkwürdige *Durchsage*: Man hört Uschis Stim-

---

sich fügen, gehorchen
alle, hier: gibt es nicht mehr
eingreifen, sich einmischen, dazwischen gehen
schlimm, sehr schlecht
die Verantwortung, die Pflicht, sich um die Passagiere zu kümmern
die Durchsage, die Meldung

20

me: »Meine Damen und Herren! Rechts und links von unserer Strecke können Sie jetzt – wenn es hell wäre – gerade noch das *Uelzener Moor* sehen, das bekannte Uelzener Moor. In diesem Moor sind vor zweihundert Jahren noch die letzten *Hexen ertränkt* worden. Ein bedeutendes Moor also, ein besonders bedeutendes Moor ...«

die Hexe

Wie ein Blitz versteht es der Zugschaffner: das ist für mich! Mohr – Mohr wie Moor! Aber wer mich sprechen will, muss warten – auch die Polizei!

Erwin Mohr ist endlich vor dem Tisch von Alfred Blei und Hans Bindermann angekommen. Blei gibt ihm die Fahrkarten mit den Zuschlägen.

In Ordnung! Denn *Profis* schießen, aber sie fahren nicht schwarz.

»Viel Vergnügen in Hamburg, meine Herren!«, sagt Mohr möglichst ruhig.

»Wird schon gehen«, sagt Bindermann grinsend. Eine unangenehm helle, fast kindliche Stimme. Aber

---

das Uelzener Moor, eine Landschaft in Norddeutschland
ertränken, im Wasser zu Tode bringen
der Profi, hier: der Verbrecher

wer sagt, dass Mörder eine tiefe Stimme haben müssen?

Dann dreht Erwin Mohr sich um und sieht etwas Merkwürdiges: Giuseppe Verone *schaukelt* mit einer Kanne Kaffee auf Linda Jürgens zu. Vergessen in ihren Gedanken, spielt sie mit dem leeren Champagnerglas.

»Ihr Kaffee, gnädige Frau!«, sagt er ernst.

»Aber ich habe doch gar keinen Kaffee ...« Und in demselben Augenblick schreit sie laut auf. Mohr und Blei und Bindermann bekommen fast einen Todesschreck.

Der Oberkellner hat die Kanne Kaffee zielsicher *ausgekippt* – genau auf das Kleid der Dame!

»Sind Sie verrückt geworden?«, schreit Linda.

»Ich bin untröstlich!«, sagt Verone, »gnädige Frau, Signora ... was kann ich tun? Wie konnte das passieren?« Dann fasst er sie beim Arm und zieht sie energisch mit sich in Richtung Küchenraum und Ausgang.

Eine gute *schauspielerische Leistung*, denkt Mohr. Fast kommen ihm Tränen ins Gesicht.

»Das können Sie nie wieder gutmachen, Sie, Sie ...«

»Wir haben ein sehr gutes Mittel ...« – Verone zieht sie – »und heißes Wasser, Signora, bitte kommen Sie mit mir!«

»Entschuldigen Sie bitte!«, sagt Mohr zu Blei und Bindermann. »Ein kleines Unglück!«

Sieh an! Die Gangster lachen!

Mohr folgt dem Italiener und der Dame bis zum nä-

---

schaukeln, hin und her bewegen, nicht feststehen
auskippen, fallen lassen
schauspielerisch, im Theater auftretend
die Leistung, die gut gemachte Arbeit

chsten Wagen. Sie gehen in ein leeres Abteil.

»Sie geben mir, bitte, Ihren Namen und die Adresse für die *Versicherung*!«, sagt Verone.

»Linda Jürgens«, sagt sie weinend, »Hamburg Othmarschen, Parkallee. Aber ich will keine Versicherung ...« 5

»Wollen Sie lieber Kaffee auf das Kleid haben oder sterben?«, sagt Verone aufgeregt.

»Was ... was heißt das?«, fragt Linda nervös.

»Ich habe den Kaffee *absichtlich* auf das Kleid 10 gekippt ... es war kalter Kaffee ... Im Speisewagen sind Mörder ... Sie müssen raus, wenn die Männer schießen!«

Sie ist blass wie vorher Mohr und Verone und Schultheiß und Meyerling. 15

»Sie brauchen nicht zu bezahlen. Und den Kaffee auf dem Kleid bezahlt die Versicherung. Sie fahren mit dem Taxi nach Hause. Es tut mir Leid!«

Aber sie weint: »Mein Mann ... er weiß nicht ... ich kann ihm nichts erklären ... ich verstehe das alles 20 nicht!«

Da versteht wenigstens Mohr, dass es nicht nur die Todesangst ist, die ihr im Rücken sitzt.

»Bleiben Sie ruhig«, sagt er freundlich, »es wird schon alles gut werden, Frau Jürgens ... es sind wirklich 25 zwei Bankräuber im Speisewagen und der Herr Verone konnte gar nichts anderes tun, als Sie auf diese Weise in Sicherheit zu bringen.«

Sie weint und *nickt* gleichzeitig.

---

die Versicherung, die Institution, die bei einem Unglück bezahlt
absichtlich, mit Willen
nicken, den Kopf auf und ab bewegen

23

»Gehen Sie jetzt, bitte, noch weiter nach hinten! Es kann und wird Ihnen nichts passieren!«

Linda geht langsam weiter und bleibt eng an der Abteilwand.

5 Irgendwie hat Mohr jetzt das unangenehme Gefühl, dass nicht das Bankräuber- und Mörderpaar aus Ulm, sondern er das alles *angezettelt* hat.

anzetteln, einen schlechten Plan vorbereiten

Einer der Bankräuber und Mörder von Ulm wird gerade in diesen Minuten merkwürdig unruhig: »Also, mich *juckt* es überall, als ob ich *Läuse* bekomme!«, sagt Alfred Blei. Eigentlich ist er der Stärkere von beiden. Er *kratzt* sich den Kopf und trinkt langsam das Bier aus 5 der Flasche, obgleich das Glas direkt daneben steht.

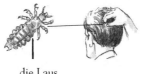

die Laus

»Gestern warst du ruhiger ...«, sagt Bindermann. Im Stillen freut er sich.

»Hmmm ... und die beiden waren dann plötzlich ganz ruhig, meinst du?« 10

»Du wirst es schon überleben!«, meint Bindermann. Der eiskalte Alfred hat Nerven, denkt er. Ich lache mich tot. Er stößt mit dem Fuß an die Taschen mit dem Geld unter dem Tisch und sieht sich vorsichtig um.

»Wenn wir die *Weiber* in Hamburg *leid sind*, fahren 15 wir ja doch nach Kanada – oder?«

Alfred Blei kratzt sich noch einmal. Und plötzlich kennt er den Grund für seine Unruhe: »Ich weiß jetzt, wie sie uns erkannt haben.«

»Uns?«, sagt Bindermann erschrocken. 20

---

jucken, das Gefühl haben, dass einem ein kleines Tier auf dem Kopf herumspaziert
kratzen, mit dem Fingernagel das Jucken wegbringen
das Weib, hässliches Wort für: die Frau
leid sein, nicht mehr haben wollen

»Na, besonders dich! Die Frau im Zigarettenladen! Als du dir zehn Minuten vor der Schießerei gegenüber von der Bank Zigaretten kaufen musstest!«

»Aber – aber wir hatten – wir hatten doch die *Strumpfmasken* ...«

die Strumpfmaske

»Ja – aber dieselben Sachen hatten wir an! Und ich bin da auch drin!«

»Warum denn du?«

»Na – hör mal! Im Gefängnis waren wir zusammen und wir gehören zusammen. Also, wenn jemand der Zigarrettenfrau erst einmal dein Foto zeigt, dann sind sie auch ganz schnell bei mir ...«

»So etwas Verrücktes!«

»Ja, das kannst du dreimal sagen!« Blei steht auf und sagt: »Ich gehe mal durch den Zug ... Ich bin gleich wieder da!«

Als er – entgegen der Fahrtrichtung wie die anderen auch schon – den Speisewagen verlässt, hat der Kellner überhaupt keine Idee mehr.

»Na, Spaghetti?«, sagt Blei, »Langeweile?«

»Ich bin kein Spaghetti!«, sagt der Kellner ärgerlich. In Wirklichkeit ist er Jugoslawe und schon seit langer Zeit in der Bundesrepublik.

Im Speisewagen registriert Bindermann, dass außer ihm nur noch zwei Männer sitzen. Dann nimmt er eine Pistole aus einer der Taschen, legt sie vorsichtig auf den Tisch und legt zwei Speisekarten darüber.

»Warum haben Sie mich gerufen?«, fragt Mohr, als er im Zugsekretariat ankommt. Und fast im selben Augenblick sagt er: »Rufen Sie mal ganz schnell einen Doktor Grasshoff mit Geschäftsfreund an das Telefon! Und sagen Sie, dass die Herren am Telefon verlangt werden! Seit wann gibt es übrigens in Uelzen ein Moor?«

Aber Uschi hält ihm erst einmal den Hörer hin.

»Die Kripo«, flüstert sie, »die macht mich hier verrückt, weil ich Sie ...«

»Hier Mohr!«, sagt er.

»Mann«, schreit Trimmel, »wo sind Sie denn die ganze Zeit?«

»Hier im Zug«, sagt Mohr, »wo sonst?«

»Also, hören Sie zu! Wir fahren gleich zum Hauptbahnhof. Die Bahnpolizei weiß auch Bescheid. Sie fahren ein und kümmern sich um nichts. Sie kümmern sich effektiv um gar nichts! Wir lassen die beiden nicht mehr aus den Augen, wenn sie aussteigen. Und wenn sie zufällig bis Dammtor oder Altona fahren sollten, haben wir auch vorgesorgt ... Alles klar?«

»Herr Kommissar«, sagt Mohr mutig, »ich weiß wirklich nicht, warum das nicht anders gehen soll. Die beiden sitzen inzwischen fast allein im Speisewagen, außer ihnen nur noch zwei Männer und die bekommen wir auch noch heraus. Und was dann noch ...«

Trimmel bekommt fast keine Luft. »Haben Sie das gemacht?«

»Ja, aber ...«

»Und was machen Sie, wenn die, wenn die *Täter* jetzt zahlen und einfach herausgehen?«

---

der Täter, der Verbrecher

»Dann *verzögern* wir es mit dem Wechselgeld. Der Oberkellner weiß auch Bescheid und spielt mit ...«

»Aufhören!«, schreit Trimmel. »Sofort aufhören mit Ihrer Privataktion! Das kann niemand verantworten! Das habe ich Ihnen schon vor einer Stunde oder ...«

Plötzlich merkt er, dass er total hilflos schreit.

»Hallo, hallo ...?« Total hilflos. »Hallo?«

Die Dauerleitung ist tot.

Blei steht plötzlich in der Tür, während Mohr noch telefoniert. Uschi hat ganz schnell auf die Gabel gedrückt, ohne an den schreienden Mohr und die schreiende Polizei zu denken. Blei öffnet die Abteiltür.

Jetzt ist die Lage erst einmal gerettet.

Aber dann?

Dann sagt Blei: »Kann ich mal telefonieren?«

Das Dienstabteil ist dunkel, denkt Mohr. Der kranke Schaffner ... Die Zeitung auf dem Sitz ...

»Das geht im Moment nicht!«, sagt Uschi und zeigt auf den Hörer. »Wir versuchen schon die ganze Zeit, wegen unserer Verspätung ... irgendwie *ist* da heute *der Wurm drin* ...« Sie kann sogar noch lachen. »Sie können *sich* doch sicher bis Hamburg *gedulden* ...«

Blei denkt nach.

Er hat nichts gesehen, denkt Mohr. Der kranke Schaffner ... alles war dunkel ... und Blei nickt. »Na gut, ich gedulde mich. Ziemlich leerer Zug übrigens, was? Wie wäre es, wenn die Dame uns ein bisschen Gesellschaft *leistet*?«

---

verzögern, langsam werden lassen
der Wurm ist drin, hier stimmt etwas nicht
sich gedulden, ruhig warten
leisten, ausführen

Uschi wird blass.

»Das ... das ... Sie sind im Dienst ... das geht nicht ...«, sagt Mohr.

»Ich glaube doch!«, sagt Blei. Steinhart plötzlich. »Wollen wir *wetten?*« 5

Uschi merkt, dass er sie auf jeden Fall mitnimmt und bekommt plötzlich eine kriminalistische Idee.

»Was heißt hier Dienst?«, sagt sie. »Warum soll ich nicht einmal einen Sherry trinken?«

»Aber erst die Durchsage!«, stöhnt Mohr. »Sie müs- 10 sen es noch einmal mit dem Telefon versuchen.«

»Richtig!«, sagt Uschi. Sie versucht noch ein letztes Mal, ihrem *Schicksal* zu *entgehen*. Sie nimmt den Hörer, ruft die Zentrale und sagt zu Blei: »Ich komme nach!«

Blei lässt sich aber in den Sitz fallen und sagt: »So 15 eilig ist es nun auch wieder nicht ...«

Uschi sagt: »Hallo – *Vermittlung!* Bitte geben Sie mir noch einmal diese Nummer in Hamburg ... TEE neunzig hier ...«

»Die Polizeinummer?«, fragt die Vermittlung. 20

»Ja, sicher!«, sagt Uschi mutig. »Ich warte!« Blei hat bestimmt nichts bemerkt.

Der Zug wird langsamer. Die Lokomotive *pfeift.* Das Signal steht auf Rot.

»Schrecklicher Regen, nicht?«, meint Uschi zu Blei. 25 Sie *lächelt* ihn fast entschuldigend an.

»Hmmm ...«

---

wetten, hier: sicher sein
dem Schicksal entgehen, aus einer drohenden Gefahr kommen
die Vermittlung, die Zentrale
pfeifen, einen hellen, scharfen Ton machen
lächeln, still lachen

Dann ist Trimmel am Apparat und schreit so laut, dass es im ganzen Zugabteil zu hören ist. »Was denken Sie sich eigentlich ... ganz verrückt geworden! Sie wissen wohl nicht, wen Sie da vor sich haben ...?«

5 Uschi schneidet ihm das Wort ab – und er versteht, Gott sei Dank, er versteht sofort, was das bedeutet und was sie ihm sagen will.

»Hören Sie mal, Herr Kollege«, – sie sagt wirklich »Kollege« – »ich muss genau so wie Sie unter dieser
10 schlechten Verbindung mit der Direktion leiden ... bleiben Sie jetzt, bitte, so lange in der Leitung, bis Sie die Verbindung mit der Direktion bekommen ... Ich

oder der Zugschaffner sind hier die ganze Zeit am Telefon, verstanden?«

»Verstanden!«, sagt Trimmel *atemlos*.

Kein Wort mehr.

Uschi fragt Mohr: »Wen sollte ich rufen?«   5

»Doktor Grasshoff mit Geschäftsfreund ...«

»Richtig, ja ...« Ihr Schauspiel ist noch besser als Verones Kaffeetheater. Sie nimmt das Mikrofon des Zuglautsprechers und sagt: »Herr Doktor Grasshoff, bitte, Herr Doktor Grasshoff mit Geschäftsfreund wird   10
im Zugsekretariat am Telefon verlangt. Telefon für Herrn Doktor Grasshoff mit Freund ...« Die Kriminalpolizei muss es mitgehört haben, denkt sie, sonst ist

---

atemlos, ohne Luft

ihnen nicht zu helfen. Dann dreht sie sich um und sagt zu dem Gangster: »Mein Name ist Leichsenring ... Uschi – wollen wir jetzt gehen?«

»Blei!«, sagt der Mann, ein Gangster von Welt.

5 »Alfred ...« Und Uschi sagt noch einmal ‑ nur für die Polizei: »Wollen wir jetzt gehen, Herr Blei?«

Trimmel hat alles gehört, hört auch noch die Abteiltür, die mit großem Lärm aufgerissen wird. Dann zählt er zwei und zwei zusammen und weiß ziemlich

10 genau, was gerade passiert ist.

»Es ist doch besser, wenn Sie mit Herrn Doktor Grasshoff und der Direktion sprechen!«, sagt Uschi zum Zugschaffner.

Dann wird die Tür wieder zugeschlagen. Eine Gei‑

15 selnahme! Was kann es sonst sein?

Als Uschi mit dem Gangster zwanzig Minuten später außer Hörweite ist, kann Mohr telefonieren. »Der Mann hat verlangt, die Sekretärin mit in den Speisewagen zu nehmen!«

20 Jetzt bestimmt die Polizei: Der »Blaue Enzian« kann und wird nicht in den Hauptbahnhof einlaufen. Das Übergeben der Geiseln und alles, was damit zusam‑ menhängt – ist im Hauptbahnhof undenkbar.

»Sie sind ein richtiger Idiot!«, sagt Trimmel zu Mohr.

25 Ein paar Meter vor dem Speisewagen treffen Uschi und Blei die Herren Dr. Grasshoff und Geschäftsfreund.

Uschi spielt weiter: »Herr Doktor Grasshoff?« »Ja, bitte?«, sagt der *ahnungslose* Mann.

---

ahnungslos, ohne zu wissen

»Es ist *dringend*«, sagt Uschi, »der Zugschaffner erwartet Sie ... Sie wissen schon, diese Direktionsge-schichte ...«

Dann geht sie weiter.

Grasshoff und sein Kollege gehen *verstört* in die andere Richtung. 5

Zum vierten oder fünften Mal bekommt der Zug ein rotes Signal. Der Zug hat schon fast eine halbe Stunde Verspätung.

Bindermann weiß überhaupt nicht mehr, was er von 10 der Lage halten soll: Seit die beiden Herren, die weiter vorn im Speisewagen saßen, gerufen wurden und gegangen sind, ist er ganz allein im Speisewagen. Nur der Oberkellner sitzt noch da hinten. Vorsichtig legt Bindermann eine der beiden Speisekarten über der 15 Pistole etwas zur Seite.

Dann aber kommt Blei in den Wagen, fröhlich grin-send. Blei mit einem netten Mädchen! Blei kommt auf Bindermann zu und der kann die Pistole gerade noch in die Hosentasche stecken, bevor er aufsteht. 20

»Darf ich bekannt machen«, sagt Blei, »mein Freund Hans – Fräulein Uschi vom Schreibabteil ...«

»Angenehm!«, sagt Hans Bindermann. »Ich hatte schon Angst, dass ich hier verhungern muss. Komisch, nicht? Hier mitten im Speisewagen.« 25

Uschi lacht, mutig wie vorher.

Verone kommt näher und sie sagt: »Die Herren auch noch etwas?«

»Zwei Bier!«, sagt Hans Bindermann. Er fragt Uschi:

---

dringend, sehr nötig
verstört, verwirrt

»Sind Sie hier die Telefonistin?«

»Zugsekretärin!«, sagt Uschi.

»Oh, Entschuldigung ...« Er lacht sich halbtot.

Als Verone die *Getränke* gebracht hat, *flirten* sie
5 lustig miteinander und Uschi flirtet heftig mit.

»Es ist bestimmt viel sicherer«, sagt der Experte der
Bundesbahn in Trimmels Büro – bestimmt schon zum
zehnten Mal – «die Leute am Bahnhof normal aussteigen zu lassen und dann zu *beschatten*.«

10 »Also, machen wir es so?«, fragt der zweite Experte.

»Natürlich«, sagt Trimmel.

»Okay. Ich sage es noch einmal. Der Zug passiert
jetzt Winsen. Wir werden ihn« – er sieht auf die Uhr –
«auf freier Strecke noch weitere elf Minuten
15 verzögern. Dann schaffen wir es.«

Der dritte Experte sieht auf die komplizierte Gleis-
karte.

»Hier kommt der Zug über die Freihafenbrücke.
Links herum. Versmannstraße, am Baakenhafen vor-
20 bei. Dort biegt er sonst zum Hauptbahnhof ab. Stattdessen fährt er jetzt geradeaus auf dieses eine tote
Gleis. – Da ist zu dieser Zeit kein Mensch ...«

»Wir wollen es hoffen!«, sagt Trimmel.

»Ja, ich hoffe es auch!«, sagt der vierte Experte, der
25 am meisten zu sagen hat. »Wir können dann anfangen!«

Die *Einsatzkommandos*, *begleitet* von Bahnpolizisten,

---

das Getränk, etwas zum Trinken
flirten, spielerische Kontaktaufnahme zwischen Mann und Frau
beschatten, unbemerkt nachfolgen
das Einsatzkommando, eine Sondereinheit der Polizei
begleiten, mitgehen

sind schon unterwegs. Die Technik läuft. *Weiche* um Weiche.

Aber geht es in den meisten Fällen der Technik nicht doch noch schief?

die Weiche

Nur nicht daran denken! 5

Mohr *verriegelt* mit einem *Vierkantschlüssel* die Türen zwischen dem ersten und dem zweiten Wagen hinter dem Speisewagen. Der erste Wagen hinter dem Speisewagen ist leer – außer Dr. Grasshoff und Dr. Christian. Ärzte auf dem Weg zu einem Kongress. Und 10 dann diese Geschichte!

der Vierkantschlüssel

der Metallblock

»Sie bleiben auf jeden Fall im Abteil!«, befiehlt Mohr.

»Ja, ja, bestimmt!«

Im Grunde kann es nicht *schaden*, wenn zwei Ärzte 15 in der Nähe sind, denkt Mohr – so für den Notfall!

---

verriegeln, zuschließen
schaden, eine böse Tat tun

Gleich danach kann er den Notfall nicht mehr anhalten. Und Erwin Mohr hat ihn sich selbst *eingebrockt*. Sich und den anderen!

Er kommt in den Speisewagen, geht wie ein Geschäftsmann bis zum anderen Ende und ruft: »Wir sind in wenigen Minuten am Hauptbahnhof in Hamburg. Der Zug fährt weiter über Hamburg Dammtor nach Hamburg Altona ...«

Er ruft es laut genug, dass jeder in einem besetzten Speisewagen es verstehen muss. Aber nur noch Blei und Bindermann sind da – und natürlich Uschi, Verone und er selbst.

Er *reckt sich* am Ende des Wagens *hoch* und schließt die automatische Tür von innen ab. Dazu muss er mit einem vierkantigen Schlüssel einen vierkantigen *Metallblock* drehen. Wenn ihn jemand dabei sehen könnte ...

Aber niemand sieht ihn. Doch sein Schreien hat die Verbrecher nun aufgeschreckt.

Mohr geht zurück, bleibt vor dem Tisch mit Blei, Bindermann und Uschi stehen und sagt zu ihr: »Fräulein Leichsenring, Sie müssen Ihre Abrechnung machen!«

»Ja, sicher«, sagt Uschi, »ich wollte gerade ...«

Sie steht auf und macht ein paar *Schritte* in Richtung hinterer Ausgang. Vielleicht ein paar zu schnelle Schritte.

Sofort ist Blei bei ihr.

»Langsam, Fräulein ... wollen Sie nicht erst einmal

---

einbrocken, anzetteln
sich hochrecken, sich gerade stellen
der Metallblock, siehe Zeichnung auf Seite 35
der Schritt, der Gang, die Fußlänge

'Auf Wiedersehen' sagen?«

»Vielen Dank für den Drink!«, sagt Uschi. Ihr Herz schlägt bis in den Hals. »Wiedersehen!«

Und weil inzwischen auch Bindermann aufgestanden ist und eine drohende *Haltung* eingenommen hat, kommt von vorn Verone zu Hilfe. 5

»Signore, prego ... bitte, *belästigen* Sie keine Gäste unseres ...«

»Wir sind gleich am Hauptbahnhof – machen Sie keinen Ärger!«, sagt Mohr. 10

Es gelingt ihm, Uschi und Verone so zu beschützen, dass sie bis zu der noch unverschlossenen Tür hinter der Küche kommen und sie sogar öffnen können. Er erkennt es an dem typischen *Zischen* der Tür.

Er selbst geht *rückwärts* zu dieser Tür – in *Zeitlupe* – 15 kommt zu dem engen Gang neben der Küche. Und wie in Zeitlupe registriert er auch, dass das leise Zischen der Tür vor ihm nicht zu hören ist. Das kann eigentlich nur passieren, denkt er, wenn Uschi oder Verone oder irgendjemand die Tür mit dem Fuß aufhält und 20 sie für ihn offen hält.

»Stopp!«, sagt Blei hinter ihm.

Mohr dreht sich um. Endlich, denkt er *erschöpft*, ich habe es mir ja gedacht! So musste es ja kommen!

Er sieht in die Pistole in der Hand von Alfred Blei. 25 Auch Bindermann hat eine Pistole in der Hand. Er steht in der Nähe seines Tisches. Unter dem Tisch ste-

---

die Haltung, die körperliche Stellung
belästigen, stören
das Zischen, ein scharfer Ton
rückwärts, nach hinten
die Zeitlupe, das Langsamwerden eines Geschehens
erschöpft, durch harte Arbeit müde

hen die Geldtaschen, für jeden zwei!

»Keinen Schritt weiter!«, sagt Blei. Er setzt einen Fuß vor den anderen. Noch fünf Schritte bis zu Mohr. Die Pistole hält Blei in Richtung auf Mohrs Herzgegend.

5 Alfred Blei schießt normalerweise mit beiden Händen gut. Aber am liebsten schießt er mit der linken Hand.

Und von links fällt jetzt plötzlich ein schwarzer, schwerer *Gegenstand* auf seine linke Hand, ein schwe-
10 rer Gegenstand aus der Küche ...

---

der Gegenstand, die Sache, das Ding

Blei drückt automatisch ab – und dann geht sein Schrei unter im lauten *Krachen* des *Schusses* aus seiner Neun-Millimeter-Pistole.

Der Schuss schlägt zwischen Mohr und Kücheneingang in die Kunst*täfelung*.

die Täfelung

Blei bückt sich nach der Pistole, die ihm aus der Hand gefallen ist. Er bekommt von der Küche einen Stoß direkt ins Gesicht. Er steht schreiend auf, hält die Hände vor das blutende Gesicht – und auch die kaputte linke Hand. Dann hört er Bindermanns Schrei, dass er nicht schießen kann. Er steht nämlich gerade im *Schussfeld*.

Erwin Mohr ist draußen und er fällt dort hin, weil der aus der Küche kommende Kellner über ihn gerannt ist.

Aber auch der Kellner ist draußen, der jugoslawische Kellner, der überhaupt keine Spaghetti leiden kann.

Bruchteile von Sekunden *entscheiden* über das Zusammenfallen der Tür – ein paar Zentimeter.

der *Krach*, der Lärm
der *Schuss*, das Schießen aus einer Pistole
das *Schussfeld*, das Ziel des Schusses
der *Bruchteil*, der ganz kleine Teil
entscheiden, bestimmen

Zischend schließt sich die Tür, als Verone endlich den Fuß wegnimmt und hinter Uschi weiter nach hinten in den Wagen rennt. Und über Mohr hinweg rennt der Kellner.

5 Mohr steht auf und zwischen ihm und dem *heranstürmenden* Bindermann ist nur noch die zugefallene, aber nicht verschlossene Tür.

Mohr fasst oben an der Tür den vierkantigen Metallblock der Verriegelung. Sekundenbruchteile,
10 bevor Bindermann den *Türgriff* fassen kann. Ein ideales Ziel ...

Ist das Glas kugelsicher? denkt Mohr.

Aber Bindermann, kaum einen Meter weg, schießt nicht auf das Glas, sondern – von innen – auf die
15 Türverriegelung ... einmal, zweimal ... fünfmal!

der Türgriff

Ein Lärm wie im Krieg.

Der sechste Schuss kommt von Blei. Er hat ihn diesmal mit der rechten Hand abgeschossen.

Aber die Verriegelung hält. Und inzwischen hat
20 Mohr auch die zweite Tür zwischen dem Speisewagen und dem nächsten Sitzwagen vierkantig abgeschlossen.

---

heranstürmen, sehr schnell nach vorn laufen

40

»Da ist er!«, sagt einer der Bundesbahn*beamten* atemlos.

Drei Lichter – ein gleichseitiges Dreieck.

Der TEE 90 von Klagenfurt und München nach Hamburg, am Ende einer langen Strecke. Der »Blaue Enzian«! Schon in Hamburg, aber auf dem toten Gleis. 5

Trimmel *wischt* sich das Wasser aus dem Haar vorn unter der *Mütze* und aus dem Gesicht und er weiß nicht, ob es Regen oder *Schweiß* ist.

Die drei Lichter kommen ganz langsam näher. 10

Viel zu langsam ...

die Mütze

der Schweiß

Stunden um Stunden hat der Lokomotivführer des »Blauen Enzian« kaum mehr gesehen als den *Scheibenwischer*. Und seit einer guten Stunde ein rotes Signal nach dem anderen. Er ist zu müde zum *Fluchen*. 15

der Scheibenwischer

---

der Beamte, der Mann im Dienst
wischen, hier: trocken machen
fluchen, hässliche Worte sagen

»Das geht ja nun schon so seit Uelzen«, sagt der zweite Mann neben ihm, »ich möchte wirklich wissen, wer hier verrückt ist. Sag mal, ist das da vorn etwa ...?«

Wie Ketten sind die Lichter da vorn.

5   Ein totes Gleis.

»Hauptsache Ende!«, sagt der Lokomotivführer und spielt mit der Bremse. Er weiß nicht einmal, was hier zu Ende gehen soll.

Die Gangster versuchen inzwischen, die Türscheibe
10 einzuschlagen. Schießen hat keinen Zweck.

»*Wir sind dran*, Freddy!«, *jammert* Bindermann alle zehn Sekunden mit seiner hohen, hellen Stimme. »Da kommen wir nie mehr heraus!«

»Aber die gehen auch alle kaputt!«, sagt Blei ärger-
15 lich und lässt mit der ganzen rechten und der halben linken Hand einen Not*hammer*, den er in der Küche gefunden hat, gegen die Tür fallen.

Das Glas springt, aber es *splittert* nicht.

Auch wenn das Glas splittern würde: Dahinter ist
20 noch eine Tür und hinter dieser zweiten Tür steht der Zugschaffner mit der einzigen Waffe, die er finden kann: mit einem *Feuerlöscher*.

23.43 Uhr.

So voll, wie Laumen geglaubt hatte, ist der Bahn-
25 steig um diese Zeit längst nicht mehr. Am Gleis 11 des Hamburger Hauptbahnhofs warten nur wenige Leute

---

wir sind dran, hier: sie haben uns
jammern, klagen
splittern, in kleine Stücke springen

der Hammer

auf den Zug, für den schon eine Stunde Verspätung gemeldet worden ist.

Verregnete Mäntel, nasse Blumen, viele Zigaretten ... die Stunde ist auch schon um neun Minuten *über-schritten*.

Es *knackt* und knistert.

»*Achtung*!«, sagt der Lautsprecher. »Achtung auf Gleis elf! Der Trans-Europ-Express 'Blauer Enzian' aus Klagenfurt, Salzburg und München, planmäßige *Ankunft* zweiundzwanzig Uhr vierunddreißig, verspätet sich wegen eines technischen Defekts auf unbe-stimmte Zeit ...«

der Feuerlöscher

»Diese dummen Entschuldigungen!«, sagt der junge Mann mit der modernen Lederjacke, der die Zugsekretärin Uschi abholen will. »Hinter Hannover hat sie doch noch gesagt ...«

überschreiten, hier: zu spät kommen
knacken, dunkel knistern
Achtung! Zuhören!
die Ankunft, das Ankommen

Die meisten Leute sagen gar nichts. Ärgerlich und nass, mit dem Gefühl, dass man *sich* heute auf nichts mehr *verlassen* kann, gehen sie Bier trinken oder Kaffee oder sie gehen nach Hause.

5 23.49 Uhr.

In dieser Minute, in der letzten Stunde des Kriminalfalles »Blauer Enzian«, fährt der Zug nur noch mit drei Stundenkilometern.

Plötzlich reißt Bindermann seinen Freund Blei, der
10 wie verrückt gegen die Scheibe schlägt, an der Schulter zurück. Blei hat inzwischen ein Loch in die Scheibe geschlagen. Mit jedem Schlag wird das Loch größer.

»Gib den Hammer her!«, schreit Bindermann, »ich schlage das Fenster ein ... wir müssen abspringen
15 – unsere letzte Chance!«

»*Hau ab*!«, schreit Blei und stößt Bindermann zu Boden. Dabei verliert er den Hammer.

Als Bindermann wieder aufsteht, stöhnt er nur noch vor *Wut*. Blei ist sogar noch stärker mit der einen
20 Hand.

»Ich bin schuld«, jammert Bindermann, »nur weil ich Zigaretten haben wollte ...«

»Ja«, sagt Blei, plötzlich ganz ruhig, »nur weil du Zigaretten haben wolltest ...«
25 Der Zug fährt so langsam, dass man nichts mehr hört, außer dem *prasselnden* Regen.

---

sich auf etwas verlassen, mit etwas rechnen
abhauen, weggehen
die Wut, der große Ärger
prasseln, laut fallen

44

Dann fallen Schüsse.

Bindermann hat ein neues *Magazin* eingefüllt. Bindermann schießt es leer bis auf die allerletzte Kugel – in die Geldtaschen unter dem Tisch.

das Magazin

23.52 Uhr. 5

Der Zug hat die Kette der *MEK*-Männer, die zu beiden Seiten am toten Gleis aufgestellt sind, erreicht. Drinnen und draußen merkt es kaum noch jemand, dass er jetzt hinter dem Baakenhafen zum Stehen kommt. 10

Einer der Bahnbeamten *klettert* auf die Lokomotive und informiert die beiden Lokomotivführer.

Trimmel steht gut – ganz in der Nähe des Schreibabteils. Und mit Höffgen, Petersen und Laumen klettert er in den Zug. 15

»Hier!«, schreit Uschi.

»Wo ist das Mikrofon für den Zuglautsprecher?«

»Hier!«

»Achtung! Achtung!«, sagt Trimmel ins Mikrofon, »an alle Reisenden. Bitte bleiben Sie in Ihren Abtei- 20 len und halten Sie die Türen geschlossen ... Die jetzt folgende Durchsage bedeutet für Sie keine Gefahr!«

Zwei Sekunden Pause.

MEK, das Mordeinsatzkommando
klettern, steigen

45

Dann die Durchsage: »Achtung, Achtung! Hier spricht die Polizei! Diese Durchsage ist für Herrn Blei und Herrn Bindermann im Speisewagen. Der Speisewagen ist abgeriegelt und ebenso wie der ganze Zug
5 umstellt. Bitte werfen Sie Ihre Waffen weg und *ergeben* Sie *sich* den Beamten, die jetzt in den Speisewagen kommen ... Ende!«

Trimmel legt das Mikrofon weg.

»Und jetzt?«, fragt Uschi.

10 Er eilt nach vorn zum Speisewagen. Er kennt die Profis, auch wenn er die beiden hier noch nicht persönlich kennt. Er ist fest *überzeugt*: Für alles, was nun noch kommt, wird im Grunde eine einzige *Funkstreife* genug sein.

15 23.58 Uhr.

Zum letzten Mal eine Zeitkontrolle – für das Protokoll.

Noch einmal *richtet* Erwin Mohr *sich* in seiner ganzen Größe *auf* und schließt mit seinem Vierkantschlüssel hintereinander die beiden Türen zum Speise-
20 wagen auf, die *unversehrte* und die kaputte.

Blei und Bindermann, bis zuletzt Profis, haben die Hände über den Kopf genommen und zwei Meter vor ihnen liegen ihre Waffen auf dem Boden, deutlich zu sehen.

25 »Die Hände runter!«, sagt Trimmel.

Er, Höffgen und Petersen geben Laumen dann Feuerschutz, als er Bindermann und dann Blei die

---

sich ergeben, kapitulieren
überzeugt sein, etwas ganz sicher glauben
die Funkstreife, die Radioverbindung der Polizei
sich aufrichten, aufstehen
unversehrt, nicht kaputt

Handfesseln anlegt.

Blei stöhnt leise, weil ihm die linke Hand immer noch sehr wehtut. Mitternacht ist vorbei.

Drei Geldtaschen haben Löcher. *Stapel* von *Geldscheinen*, *verborgen* unter einigen Unterhosen und 5 T-Shirts, sind durchlöchert.

 die Handfessel

 der Stapel

»Ihr Idioten!«, sagt Trimmel zu den Gangstern. Er hat fast Mitgefühl.

Sie steigen aus.

Ganz anders, als Blei und Bindermann sich das 10 gedacht haben: gefesselt, jeder zwischen zwei Männern.

Irgendwo in der Ferne, Richtung Westnordwest, ist der Himmel trotz der schwarzen Wolken heller als anderswo. Die Reeperbahn und St. Pauli – die 15 gefährlichste Straße der Welt mit den besten Spitzeln in der Bundesrepublik ... aber das war diesmal nicht nötig.

Freddy: Kanada! Kennst du Kanada?

Blei und Bindermann werden Kanada sicher nie 20 mehr sehen!

---

der Geldschein, das Papiergeld
verbergen, heimlich weglegen

Der Zugschaffner hat sich *dünnegemacht*. Er ist in das Dienstabteil gegangen. Auf dem Sitz liegt noch die Zeitung mit den Bildern der Ulmer Bankräuber. Der kranke Schaffner richtet sich auf. »Du kannst ruhig
5 Licht machen! Meine Kopfschmerzen sind fast weg. Ich habe geschlafen wie ein *Bär* ...«

der Bär

Mohr macht aber kein Licht. Denn jetzt hat er plötzlich Angst – große Angst! Der *Schock* kommt meistens erst ziemlich spät.
10 Trimmel steht in der Tür.

»Mein Name ist Trimmel!«

»Mohr!«, sagt Erwin Mohr und das Herz schlägt ihm bis in den Hals.

»Früher bekam man für so etwas das *Ritterkreuz*!«,
15 sagt Trimmel ärgerlich.

»Hören Sie«, sagt Mohr, »ich konnte ja doch beim besten Willen ...«

»Sie melden sich so schnell wie möglich im Präsidium und machen Ihre *Aussage*!«, befiehlt Trimmel. Er
20 ist Mohr böse, denkt er fast verwundert, nicht etwa Blei und Bindermann. Denn das wird eine lange

---

dünnemachen, unauffällig weggehen
der Schock, der große Schreck
die Aussage, die Meldung über das Geschehen

 das Ritterkreuz

Nacht, eine schreckliche lange Nacht. Und das kann ich – so denkt er – nur diesem Menschen verdanken – dem Herrn Mohr! Uschi Leichsenring muss heute Nacht auf ihren Freund mit der Lederjacke verzichten.

Linda Jürgens denkt über nichts anderes nach als 5 über eine *Ausrede* zu Hause. Giuseppe Verone ist der *Held* Nummer zwei.

Und dann Velija, der mutige Nicht-Spaghetti-Esser mit dem merkwürdigen Namen.

Und zum Schluss Grasshoff, Christian, Schultheiß, 10 Meyerling: Sie alle müssen heute Nacht noch ihre Aussage machen.

Trimmel und seine Leute werden die Aussagen aufnehmen, wenn nicht irgendjemand die Sache doch noch auf den nächsten Vormittag verlegt. 15

Der »Blaue Enzian« fährt inzwischen vorsichtig zurück und fährt dann mit letzter Kraft die paar hundert Meter in Richtung Hauptbahnhof.

Trimmel fährt mit.

Erwin Mohr fühlt deutlich, wie Trimmel ihn schief 20 von hinten ansieht. Er hat Angst wie noch nie im Leben, mehr sogar als in der letzten Stunde.

---

die Ausrede, die falsche Entschuldigung
der Held, der mutige Mann

Denn kann er wissen, dass Trimmels Wut schon während dieser kurzen Fahrt *verraucht*? Dass er der Einzige sein wird, dem Trimmel bei der *Vernehmung* einen *Korn* gibt?

---

verrauchen, weg sein
die Vernehmung, die Befragung der Polizei
der Korn, ein alkoholisches Getränk

TREFF MIT TRIMMEL

Erst schießt er unter die *Decke* des Kassenraums, dann unter die *Schädel*decke eines Menschen. Und Gaby Montag muss zusehen – mit offenem Mund und *gelähmt* vor Entsetzen – wie dieser Mensch drei Meter von ihr weg in einer einzigen Sekunde stirbt. Bei dem 5 brutalsten *Überfall* des Jahres in Hamburg.

die Decke

der Schädel

Zwei Männer mit Strumpfmasken sind in die Bank gestürmt, Männer mit Maschinenpistolen, hinter einem Mann, der einen *Blechbehälter*, einen Container, trägt. 10

Einer der Maskierten ist an der Tür stehen geblieben, die Maschinenpistole drohend in der Hand:

der Blechbehälter

---

gelähmt, körperlich bewegungslos
der Überfall, der Bankraub

»Halt! Stehen bleiben! Überfall! Niemand *rührt sich*!«

Und einer hat sich doch gerührt. Der Mann mit dem Container denkt nicht daran, dem zweiten Gangster – der hinter ihm hergelaufen ist – das Ding einfach
5 als Geschenk zu übergeben. Er riskiert sein Leben für das Geld, das nicht sein Geld ist. Er reißt dem Gangster die Maske hoch – und dann verliert er sein Leben.

Zwei Feuerstöße! Spätestens der Zweite ist tödlich.

»Bist du *wahnsinnig*!«, schreit der Gangster an der
10 Tür.

Aber der andere – der Mörder – zieht sich in aller Ruhe die Maske wieder herunter und seine Augen *glitzern*. Er nimmt den Geldbehälter, den der Tote endlich losgelassen hat und geht rückwärts zur Ausgangstür.
15 Ein Schreckensbild, ein *Albtraum*, der so plötzlich zu Ende ist, wie er begonnen hat ...

Die Gangster rennen auf die Straße und springen in einen weißen Simca. Die Türen sind nicht geschlossen und der Motor läuft. Dann *rasen* sie weg, mit *quiet-*
20 *schenden* Rädern.

Ein weißer Simca: Das gibt Gaby später zu Protokoll. Es wird von anderen *Zeugen bestätigt*. Die Nummer ist schmutzig und kaum zu lesen. Eine Hamburger Nummer, vielleicht mit einem K und X.

---

sich rühren, sich bewegen
wahnsinnig, sehr verrückt
glitzern, blitzen
der Albtraum, ein böser Traum
quietschen, einen scharfen, hellen, schreienden Ton von sich geben
rasen, sehr schnell fahren
der Zeuge, der Mensch, der die Tat gesehen hat
bestätigen, etwas für richtig erklären

Irgendjemand in der Bank gibt Alarm und dann ist in wenigen Minuten der erste Polizeiwagen da. Polizisten mit gezogenen Pistolen springen heraus, der zweite Wagen hält. Dann einer nach dem anderen.

Und mitten in dem *Getümmel* und dem Geschrei 5 liegt der Tote mit dem kaputten Schädel, *quer* vor dem Wagen, vor dem er erschossen wurde. Ein Mann Ende Dreißig vielleicht, so weit man das überhaupt noch erkennen kann. Und ein anderer Mann *beugt sich* über ihn und sagt immer noch jammernd, mit einem 10 Stöhnen in der Stimme: »Karlheinz ... das ist doch ... das kann doch alles gar nicht ... Karlheinz ... So hör doch!«

Denn fünf Minuten vorher haben sie noch zusammen in dem Geldtransportwagen gesessen, der jetzt 15 verlassen vor der Bank auf der Straße steht. Er als der Fahrer, Karlheinz als Transportbegleiter.

So etwas kann heute jedem passieren, ohne Ausnahme – also auch der unverheirateten Frau des Leiters der Hamburger Kriminalpolizei eins. Der Mann geht morgens 20 zum Dienst, man macht seine Hausarbeit, geht einkaufen in der Nähe, will etwas Geld von der Bank holen, weil man zu viel eingekauft hat, steht am *Schalter* und plötzlich sieht man den harten Blick des Bankmenschen auf der anderen Seite des Schalters. 25

»Es war für mich das erste Zeichen, dass etwas nicht in Ordnung ist!«, sagt Gaby Montag bei ihrer Zeugen-

---

das Getümmel, das Zusammenkommen von vielen Menschen
quer, schief
sich beugen, den Körper nach vorn legen
der Schalter, siehe Zeichnung auf Seite 54

53

der Schalter

vernehmung eine halbe Stunde später, noch am Tatort.

Den Mann, der sie fragt, kennt sie nicht; es ist niemand aus Trimmels Gruppe. Er macht es *sachlich* und *rücksichtsvoll*.

»Sie haben sich also umgedreht«, sagt der Beamte, »und Sie sahen, dass der *Geldbote* versuchte, von der Straße in den Kassenraum zu laufen?«

Sie nickt.

»Das hat er auch geschafft. Er hatte vielleicht noch einen Meter, aber es war nicht genug, um dem ... dem Verbrecher die Tür vor der Nase zuzuschlagen.«

»Es kam zu einem *Handgemenge*?«

---

sachlich, nicht von Gefühlen bestimmt, ruhig
rücksichtsvoll, vorsichtig gegen die Gefühle eines Menschen
der Bote, der Überbringer
das Handgemenge, die Schlägerei

54

»Ich meine«, sagt sie, »er sollte ihm den Geld-behälter geben ... stattdessen reißt er ihm die Maske herunter. Und der hat dann wohl die Nerven verloren ...«

»Sie haben den Verbrecher ohne Maske gesehen?«

»Ja, natürlich ...« 5

»Können Sie ihn beschreiben?«

Natürlich kann sie das, sie denkt aber einige Sekunden nach, um so genau wie möglich zu sein.

»Etwa einsachzig groß, kurzes, fast schwarzes *krauses* Haar, dünn ... eine, warten Sie ... eine auffällig 10 *schmale* Nase. Sie sah südländisch aus ...«

Er schreibt jedes Wort mit.

»Ein hübscher Mann eigentlich ...«, sagt sie, »wenn Sie verstehen, was ich meine ...« Natürlich versteht er.

»Glauben Sie, dass wir mit Ihrer Hilfe ein Bild des 15 Täters machen können?«

»Ich will es gern versuchen!«, sagt sie.

Dann kommt Trimmel, begleitet von Petersen. Die Großfahndung nach dem weißen Simca KX läuft noch, auch mit *Hubschraubern*, aber der Erfolg wird mit jeder 20 Minute kleiner. Der Hamburger Stadtverkehr bricht zusammen. Das ist bis jetzt der einzige Erfolg.

der Hubschrauber

---

kraus, nicht glatt
schmal, hier: dünn
die Fahndung, die polizeiliche Jagd nach dem Verbrecher

»Was machst du denn hier?«, fragt Trimmel.

»Ich bin Zeugin«, sagt sie fast *verschüchtert*.

»Also, ehrlich!«, sagt er. Er sieht sich den Toten an und sieht zurück über die Schulter.

5 »Geh nach draußen und warte!«, sagt er. Später, im Präsidium, bekommt sie ihn nicht mehr zu sehen. Der Mann, der sie vernommen hat, bringt sie zur Kriminaltechnik. Irgendjemand holt Puzzlespiele und Papier und fragt ziemlich hilflos: »Was denn nun? *PIK*?«

10 Gaby versteht, dass sie helfen soll, ein Bild des Mörders zusammenzusetzen.

»Ist das nicht ...«, sagt sie zögernd, »ich meine, könnte man das nicht besser zeichnen?«

»Natürlich könnte man das!«, sagt der Mann mit
15 den Puzzlespielen.

»Wissen Sie denn wirklich noch so genau, wie der Mann aussah?«, fragt der andere Beamte.

»Ja, leider! Denn es war – alles in allem – ein schreckliches *Erlebnis* und ein schrecklicher *Anblick*.«

20 »Welchen Zeichner nehmen wir denn da?«, fragen die Polizisten.

Gaby hat eine Idee. »Gibt es einen bestimmten Zeichner, mit dem Sie immer zusammenarbeiten?«

»Nein«, sagt der eine. »Kennen Sie einen?«

25 Sie zögert. »Meine Freundin ist Malerin ... ich sehe ihr oft zu ... sie zeichnet sehr ähnliche Porträts und wir ... wir verstehen uns sehr gut ...«

---

verschüchtert, ängstlich
PIK, polizeiliche Identifikationskartothek
das Erlebnis, ein Geschehen, das man nicht vergessen kann
der Anblick, das Bild

Gaby ist überrascht, dass die Beamten von der Idee *begeistert* sind.

»Hat die Dame Telefon?«

Sie hat ein Telefon und sie ist auch zu Hause. Anita Berg. Sie ist sofort bereit und zehn Minuten später ist sie von ihrem Atelier in Blankenese mit einem Polizeiwagen unterwegs zum Präsidium.

Der weiße Simca KX wird noch am selben Nachmittag gefunden. Verlassen und in der Nacht davor in der Stadt gestohlen. *Fingerabdrücke* gibt es – wie sich zeigt – nur vom Besitzer. Und der hat – untersucht wird eben alles – ein ganz sicheres Alibi.

Die Zeugenvernehmungen der Bankbeamten und der Kunden bestätigen genau den mörderischen Überfall. Aber sonst ist niemand in der Lage, den Mörder genau zu beschreiben. Er war doch nur für wenige Sekunden ohne Maske.

Alle Hoffnung ruht also auf Gaby.

Trimmel kommt nur kurz in das Zimmer, in dem sie mit der Malerin Anita sitzt. Er gibt Anita die Hand und sagt zu Gaby: »Vielleicht hast du da etwas von mir gelernt!«

Dann geht er wieder. Die Zeichnung ist noch nicht fertig und sehr viel Hoffnung hat er eigentlich nicht. Weiche *Bleistifte* und *Radiergummi* sind für einen Polizisten der alten Generation nicht die richtigen Waffen, einen Mörder zu fangen.

Der 14. Oktober. Niemand – am wenigsten Trimmel

---

der Fingerabdruck, *der Bleistift*, *der Radiergummi*, siehe Zeichnung auf Seite 58
begeistert, in froher Stimmung

– *ahnt*, dass sie doch schon kurz vor einem wichtigen Teilerfolg stehen, dass sich die Sache aber fast noch bis Weihnachten hinziehen wird.

der Fingerabdruck

der Radiergummi

der Bleistift

Inzwischen eilt nur der Bleistift über das Papier, fast
5 lautlos, mal spitz, mal breit.

Anita ist so gekommen, wie sie war: in schmutzigen Slacks und in einer bunten Bluse. Kaum *geschminkt* mit langen, glatten Haaren – ein exotischer Vogel, der aus dem Indianerland in ein schmutzig weißes Büro geflo-
10 gen war.

Erst die Form des Kopfes. Gaby korrigiert. Die Form wird teilweise ausradiert und neu gezeichnet. Ja, so könnte es sein!

Dann die Augen. »Freundlicher!«, sagt Gaby. Also
15 werden sie freundlich, ein bisschen schief, beim fünf-ten Versuch ziemlich zusammenstehend. Aber die Augen sind und bleiben die größte *Schwierigkeit*. So ganz ist Gaby bis zuletzt nicht zufrieden.

»Tee, die Damen?«, fragt der Mann von der *KTU*,
20 der zwischendurch kurz hereinsieht.

---

ahnen, wissen
schminken, mit Farbe das Gesicht anmalen
die Schwierigkeit, die schwere Sache
KTU, kriminaltechnische Untersuchung

»Gern«, sagt Anita, »auch etwas zu essen!«

Die Nase ist am einfachsten. Auffällig schmal, immer noch schmaler – so lange bis Anita sagt: »Das nennt man dann aber schon eine scharfe Nase!«

»Genau!«, sagt Gaby. »Eine scharfe Nase! Und 5 unten wurde sie etwas breiter.«

»Ich wusste gar nicht«, sagt Anita, während sie die scharfe Nase unten etwas breiter zeichnet, »dass du einen so guten optischen Blick hast ...«

Der Mund ist allerdings gar nicht schmal und nicht 10 scharf.

»Mehr *sinnlich*!«, sagt Gaby.

Anita grinst. »Wird ein hübscher Junge!«, sagt die Malerin.

»Er ist ein Mörder!«, sagt Gaby ernst. 15

»Entschuldigung«, sagt sie. »Es muss ja auch wirklich schlimm gewesen sein! Wenn ich mir so denke, dass mir das passiert wäre ... ich weiß nicht ...«

»Male ihm nicht so große Ohren!«, bestimmt Gaby.

So geht es drei Stunden lang. Und am Ende kann 20 Gaby sagen, was sie will: Wenn der Mann wirklich so aussieht, wie sie ihn beschrieben und Anita ihn gezeichnet hat, ist er ein sehr gut aussehender Mörder!

Kurzes, fast schwarzes krauses Haar.

»Sollen wir ihn noch bunt malen?«, fragt Anita. 25

Gaby schüttelt den Kopf. »So schwarzweiß ... ich meine fast, so sieht er am ähnlichsten aus.«

Die *Beute* der beiden Räuber, von denen einer ein Mörder ist, ist 300.000 Mark. Und die Beute wäre

---

sinnlich, gefühlvoll
die Beute, das geraubte Geld

sicherlich noch höher gewesen, wenn die Leute vom Geldtransport aus Sicherheitsgründen nicht eine Grenze setzen würden. Der Zahltag stand vor der Tür und die Bank sollte fast ein und eine halbe Million

5 bekommen. Gleich beim ersten Gang ist der Geldbote aber schon überfallen worden – auf ein paar Metern, die bei allen Geldtransporten die gefährlichsten sind: nämlich den paar Metern vom Transporter bis ins Innere des Geldinstituts.

10 Wenn der Transporter – wie in diesem Fall – das Geld von der Landeszentralbank zum Geldinstitut transportiert und verschlossen ist, könnte ihn kaum eine Maschinenpistole durchschießen. Aber wenn der Transporter geöffnet und wenn die elektromagnetische

15 Verriegelung im Transportraum geöffnet ist und wenn der Transportbegleiter unterwegs ist, dann ist er *anfällig*. Dann erst und nur dann kann er ein Ziel für solche Gangster sein, die von ihrem Handwerk mehr verstehen und kennen als nur den Mechanismus und die

20 Bedienung einer automatischen Waffe.

Trimmel weiß: Es müssen Profis gewesen sein, eiskalte Männer!

Höffgen sagt ernst: »Es waren Killer!«

Petersen bleibt sachlich: »Nur einer. Der andere hat

25 von der Tür ja gerufen: Bist du wahnsinnig, den Mann zu erschießen?«

Alle drei Polizisten fragen den Fahrer des Geldtransportes – ohne Rücksicht auf seine Gefühle – über den Tod seines Kumpels oder gar Freundes aus. Es hat

30 Fälle gegeben, in denen die Transportmänner einen

---

anfällig, hier: in Gefahr

Raub *vorgetäuscht* und sich dann *gegenseitig* erschossen haben.

Aber nicht hier. Der Fahrer ist Profi – aber nur als Transportfahrer. Er ist verheiratet, hat zwei Kinder und ein mittelgutes *Einkommen*. Er hat keine Vorstrafen. 5 Das gibt also keinen Sinn! Er hätte es anders gemacht, bestimmt nicht vor und in der Bank mit Beamten und Kunden und einem großen Risiko! Also geht der Mann nach Hause und kann dort endlich ungestört weinen. 10

Übrigens hatte der erschossene Karlheinz Schlüchter – so *ermittelt* die Polizei – besonders viele Freunde und keinen einzigen Feind ...

vortäuschen, ein falsches Bild geben
gegenseitig, einander
das Einkommen, der Lohn
ermitteln, herausfinden

Trimmel sieht sich das Kunstwerk von Anita Berg an, ein wirklich naturalistisches Porträt. Hinter ihm sagt der Beamte, der es gebracht hat: »Die Damen warten oben, wenn Sie noch eine Frage haben.«

5 Dann passiert es.

Petersen und Höffgen sind aufgestanden und interessiert um Trimmels Schreibtisch herumgegangen. Auch sie sehen sich das Bild an. Und während Höffgen schon wieder zurückgeht, sagt Petersen plötzlich:

10 »Den kenne ich doch ...«

Das schlägt ein wie eine Bombe.

»Der heißt ...«, sagt Petersen, »warte mal ... ja sicher, der schöne Wolfgang ...«

Trimmel sieht ihn verstört an. »Hat er auch einen

15 Nachnamen?«

Petersen denkt nach. »Wolfgang ... Wolfgang ... ich habe es auf der *Zunge*, verdammt ... Wolf ... Wolfgang Rammthor!«

»Mit Th?«, fragt Trimmel.

20 »Ja, genau«, sagt Petersen. »Ich war ja früher einmal beim *Einbruch* und da kenne ich so einige ...«

Als Petersen vom Einbruch zum Mord kam, hat er in der Tat ein großes Wissen über alle Arten von *schrägen Vögeln* mitgebracht.

die Zunge

---

der Einbruch, das Stehlen
der schräge Vogel, hier: der Verbrecher

»Bist du ganz sicher?«, fragt Trimmel trotzdem.

Petersen nickt. Er ist schon am Telefon und verlangt die Fahndungsbücher. Höffgen – ebenso schnell – ruft oben an: Die Damen, besonders Gaby, bitte zur Vernehmung! Und die Bücher und die Damen kommen 5 dann etwa zur selben Zeit an.

Petersen *blättert*. Er lässt die Damen nichts merken und dann macht er das Buch wieder zu.

Trimmel und die anderen sehen interessiert zu.

»Könnten Sie dann dieses Buch mal durchblät- 10 tern?«, bittet Petersen.

Gaby blättert *sorgfältig* und sie lässt sich auf jeder Seite viel Zeit. Aber sie *zögert* keine einzige Sekunde, als sie auf die Seite mit Wolfgang Rammthor kommt.

»Der hier!«, sagt sie ganz sicher. 15

Der halbe Sieg. Fünf Stunden nach dem Mord schon der halbe Sieg!

»Der ist noch nie aus Hamburg weg gewesen!«, sagt Petersen, als er mit Trimmel und Laumen unterwegs ist in Richtung St. Pauli. »Das heißt – einmal war er, glau- 20 be ich, in Celle ...«

Im Gefängnis von Celle natürlich. Wolfgang Rammthor hat etwa die Hälfte seines Lebens in Gefängnissen verbracht.

»Und du glaubst, der sitzt hier jetzt so herum?«, fragt 25 Trimmel.

»Wolfgang Rammthor hat keine Fantasie«, sagt Petersen, »hier in der Gegend kennt er alles, aber sonst

---

blättern, die Seite eines Buches umwenden
sorgfältig, sehr genau
zögern, etwas warten

nirgends. Der weiß gar nicht, wo er sonst hingehen soll.«

Sie fahren von der Ost-West-Straße auf die Reeperbahn, über die Kreuzung am Millerntor, über die Reeperbahn in die Gegend um die Königsstraße – zu den modernen Wohnhäusern, die da in den letzten Jahren hochgeschossen sind.

»Hier halt einmal an!«, sagt Petersen zu Laumen. »Und pass gut auf dich auf!«

Laumen passt auf, als Trimmel und Petersen achtzig Meter weiter in ein Haus gehen. Zur Sicherheit legt er seine Dienstwaffe neben sich auf den Sitz, *versteckt* unter eine Zeitung. Besser so, denkt er, als auf der Straße oder vor einem Hauseingang zu stehen.

Bei Elvira Maarck *klingelt* es. Elvira Maarck macht sofort auf, denn sie wartet auf Kundschaft und auf nichts Böses. Aber dann ist es doch die Polizei: ein jüngerer, den sie kennt und lange nicht gesehen hat und ein älterer, ziemlich starker Mann.

»Um Gottes willen!«, sagt Elvira. Sie trägt nämlich nur ein Kleid, das aus einer *Tüllgardine* gemacht ist.

die Tüllgardine

---

verstecken, verbergen
klingeln, läuten

»Gut siehst du aus!«, sagt Petersen, als er mit Trimmel an ihr vorbei in die Wohnung geht.

»Es ist niemand hier!«, sagt Elvira, während sie sich
einen Bademantel über die Gardine zieht.

»Ihr könnt ruhig die Finger aus der Tasche neh- 5
men!«

Petersen lacht. »Die gute, alte Elvira!«

Alt ist sie allerdings nicht: fünfundzwanzig vielleicht, ganz schön *knackig* – bestes Alter unter den besseren Frauen von St. Pauli. Aber lachen kann sie im 10
Moment überhaupt nicht. »Was wollt ihr?«, fragt sie.

Petersen sieht sich um. »Wann war er zuletzt hier?«

»Wer denn?«

»Nun ja«, sagt er todernst, »der einzige Mann, den
du liebst ...« 15

Trimmel hat sich inzwischen vorsichtig Küche und
Bad und Kleiderschrank angesehen. Es ist wirklich niemand außer ihnen in der Wohnung. Wenigstens hier
gibt es also keine Schießerei!

»Ich weiß wirklich nicht, wen Sie meinen!«, sagt 20
Elvira Maarck verstört.

»Komm!«, sagt Petersen, »sag mir, wo er ist und wir
hauen sofort wieder ab!«

Sie *überlegt* sorgfältig und schüttelt dann den Kopf.

»Tut mir Leid! Wenn es um Wolfgang geht – der 25
war gestern Nachmittag zuletzt hier und hat dann
gesagt, er kommt so schnell nicht zurück ...«

»Na also!«, sagt Trimmel. »Seine Post *schicken* Sie
ihm doch sicher nach?«

---

knackig, hier: sexy
überlegen, nachdenken
schicken, senden

»Er ist ziemlich schreibfaul!«, sagt sie ärgerlich.
»Deshalb schreibt ihm auch niemand!«

»Seit wann hat er eine Schreibmaschine?«, fragt
Petersen plötzlich und sie weiß genau, was er damit
5 meint: Schreibmaschine heißt in diesem Milieu
Maschinenpistole!

Also wird sie blass. »Damit habe ich nichts zu tun!«,
sagt sie heftig. »Das habe ich nie gesehen! Ehrenwort!«

10 »Er hat aber eine«, sagt Trimmel.

Aber Petersen hilft ihr aus der *Patsche*.

»Wenn sie Ehrenwort sagt, Chef, stimmt es sicher ...«

Sie sieht ihn an, eine Mischung aus Angst und
Dankbarkeit und Zweifel. »Was ... was hat er denn
15 gemacht?«, fragt sie.

»Er hat einen Mann erschossen!«

»Tot?«, sagt sie halb lautlos.

»Sehr!«, sagt er.

»Ich glaube es nicht ...«, flüstert sie, »... das ist über-
20 haupt nicht seine *Masche* ...«

»Ich glaube es auch nicht«, sagt Petersen. »Bloß, ich
weiß es!«

Sie teilen ihr mit, dass das Haus Tag und Nacht
beschattet wird. Und sie verspricht, dass ihre Liebe zu
25 Wolfgang Rammthor nicht groß genug ist, ihn auch
bei einem Mordfall zu schützen.

»Sie wird uns anrufen«, sagt Petersen im *Fahrstuhl*.
»Ich bin sicher, dass Rammthor hier nicht mehr *auf-
taucht.*«

---

die *Patsche*, eine unangenehme Situation
die *Masche*, hier: die Gewohnheit
auftauchen, hier: herkommen

66

der Fahrstuhl

Sie beschließen dann, das Haus doch nicht unter Kontrolle zu stellen. Laumen fährt also mit, als sie zu einem Gasthaus hinter dem Altonaer Rathaus fahren.

Hier bedient der Chef selbst. Der Wirt stellt, ohne zu fragen, drei Bier und drei Gläser Weinbrand auf den Tisch. 5

Ohne gefragt zu werden erzählt er noch mehr von sich, denn er kennt Petersen von früher und auch er rechnet sich aus, wie er zu der Ehre dieses Besuches kommt. »Wolfgang war vor zwei Stunden hier«, sagt 10 er. »Er sagt, er ist es nicht gewesen.«

»Was gewesen?«, fragt Trimmel sofort. Es hat nämlich noch nichts in der Zeitung gestanden.

»Man hört so einiges ...«, antwortet der Gastwirt. »Er hatte wohl etwas gehört ... sicher ist er deshalb 15 weggegangen!«

Petersen glaubt ihm. Die Kneipe ist Rammthors *Stammkneipe* – aber der Wirt legt seit Jahren Wert darauf, mit der Polizei auf gutem Fuß zu stehen.

Auch Trimmel nickt. 20

---

die Stammkneipe, die Kneipe, die man regelmäßig besucht

Nur Laumen fragt streng: »Sie wissen doch, wo er ist?«

»Über alle Berge!«, sagt der Wirt.

Da lacht Petersen wie eine *Ziege.* »Höchstens über
5 den Hamburger Berg!«

die Ziege

Der Wirt denkt nach und schließlich sagt er:
»Dagegen kann ich nichts sagen!«

Natürlich hat jede deutsche Polizeidienststelle schon
längst das Fahndungsfernschreiben über den Geldbo-
10 ten-Mord bekommen. Man rechnet damit, dass Wolfgang Rammthor doch einmal verreist. Und natürlich
hat jeder Hamburger Polizist Rammthors *Steckbrief* mit
Foto in der Tasche und hoffentlich auch im Kopf.

Trimmel, Petersen und Laumen besuchen noch eine
15 ganze Reihe von Adressen Rammthors: Kneipen,
Spielkasinos und frühere Freunde. Bis zum nächsten
Abend geht das, manchmal zusammen, wenn es nötig
ist, manchmal allein. Und am nächsten Abend sagt
Petersen ruhig und fast philosophisch: »Dann dauert es
20 eben etwas länger.«

---

der Steckbrief, die Beschreibung einer polizeilich gesuchten Person

Trimmel ist pessimistisch: »Auf diese Weise bekommen wir den Mann nie!«

Aber Petersens *Zuversicht* ist nicht zu schlagen. »Was soll denn sein, Chef? Seit gestern haben wir Rammthor doch ganz schön eingekreist!«

Die Hamburger Zeitungen schreiben am Tag nach dem Mord in großer *Aufmachung*. Aber die Polizeistelle hat ein gutes *Einvernehmen* mit den Zeitungen. Und erst am 25. Oktober hört man das eine oder das andere kritische Wort: Tanzt Wolfgang Rammthor der Kriminalpolizei auf der Nase herum?

Ist Wolfgang Rammthor längst im Ausland? Alle sprechen nur von Wolfgang Rammthor. Dass es zwei Männer waren, die den Überfall gemacht haben, wird völlig vergessen und in den Zeitungen nur am Rande bemerkt. Absolut vergessen und unbemerkt bleibt die *Tatsache*, dass Trimmels Gruppe fast zwanzig Stunden täglich unterwegs ist oder wenigstens immer bereit ist. Vergessen bleibt auch, dass Gaby Montag Trimmel höchstens noch beim Frühstück sieht, dass Höffgens Privatleben völlig stillliegt oder dass Laumen sein Kartenspiel vergisst.

Der zweite Mann macht ihnen jetzt schon mehr Kummer als der erste, den sie noch nicht haben. Weit und breit gibt es keine Spur von Rammthors Kumpel.

---

die Zuversicht, der feste Glaube an etwas
die Aufmachung, das Äußere
das Einvernehmen, die Einigkeit
die Tatsache, die Wirklichkeit

Dann allerdings wird Petersens Optimismus wirklich belohnt.

Wolfgang Rammthor hält es doch nicht länger als ein paar Wochen in dem *Kabuff* aus, in dem er sich 5 versteckt hat. Und ein ziviler Fahndungspolizist von der Budapester Straße sieht ihn in der Hein-Heyer-Straße. Er folgt ihm unauffällig und sieht ihn in ein Haus gehen.

Eine Viertelstunde später ist das Haus umstellt. 10 Aber so unauffällig das auch gemacht wird: Rammthor hat doch den einen oder den anderen Polizeiwagen gesehen und *Lunte gerochen*.

Rammthor schießt, als die Polizisten in das Haus laufen, was er bis zum Geldboten-Überfall sicher nie 15 getan hat. Er schießt mit einer Maschinenpistole und ein Beamter bekommt einen Schuss ins Bein, Gott sei Dank nur einen *Streifschuss*.

»Das hätte ich wirklich nicht von ihm gedacht!«, sagt Petersen. Er springt plötzlich aus der *Deckung* auf 20 der anderen Straßenseite, läuft wie ein *Hase* auf das Haus zu und versteckt sich im Eingang.

der Hase

---

das Kabuff, enger, dunkler Raum
Lunte riechen, auf die Spur kommen
der Streifschuss, nicht gefährlicher Schuss
die Deckung, der Schutz

70

Die Schüsse kamen aus dem vierten Stock, aus der Wohnung zur Straße. Petersen klingelt an der Tür und geht neben der Tür in Deckung, die Pistole in der Hand.

»Rammthor, hören Sie mich? Hier spricht Petersen!« 5

Zuerst geschieht nichts. Petersen zählt: ... einundzwanzig, zweiundzwanzig, dreiundzwanzig ... »Ja, ich höre Sie!«, sagt Rammthor von innen. »Dann passen Sie mal auf, Rammthor!«, sagt Petersen, »Sie haben 10 überhaupt keine Chance! Entweder werfe ich Ihnen jetzt eine Handgranate in die Tür oder Sie kommen *freiwillig*!«

Rammthor: »Was wollt ihr von mir?«

Petersen: »Warum schießen Sie denn?« 15

Zum letzten Mal hat Petersen dann Recht mit seiner *Behauptung*, dass Rammthor gar kein Mörder ist.

»Sind Sie allein?«, fragt Rammthor. »Natürlich. Allerdings mit Handfesseln ...«

Zehn Sekunden später öffnet sich die Tür. Wolfgang 20 Rammthor kommt heraus, mit erhobenen Händen. Und Petersen bindet ihn langsam an wie einen Taschendieb. Handgranaten hat er gar nicht bei sich gehabt.

Noch von St. Pauli ruft Trimmel zu Hause bei Gaby 25 an: »Komm sofort ins Büro! Du musst Rammthor identifizieren!«

Sie fährt ziemlich aufgeregt mit dem Taxi zur Polizeistelle, zur »Parade«, wie das so heißt.

---

freiwillig, aus eigenem freien Willen
die Behauptung, die sichere Meinung

71

Es sind diesmal nur drei Personen und Rammthor ist der Erste von links.

»Der da!«, sagt Gaby ohne Zögern. »Der da ist der Mörder und sonst niemand!«

5 Gaby wird mit einem Streifenwagen nach Hause gebracht, spricht höflich mit den Polizisten und ist froh, als sie endlich aussteigen darf.

»Herzlichen Dank!«, sagt sie.

Die Beamten antworten, dass es ihnen ein
10 Vergnügen gewesen ist.

In der Wohnung kocht sie sich Kaffee und weiß nicht, was sie mit ihrer plötzlichen Depression machen soll. Ein dummes Gefühl, dass man einen Menschen dem *Richter ausgeliefert* hat – ein dummes Gefühl,
15 gegen das man nichts machen kann. Ein Gefühl, gegen das *kein Kraut gewachsen* ist, nicht einmal der Gedanke an den erschossenen Karlheinz Schlüchter.

Er sah so hilflos aus, dieser Mann, der jetzt einer Mord*anklage* entgegensieht.

20 Anita Berg, die sie schließlich anruft, hat auch keinen besseren Trost als den Satz: »Du *hast einen Vogel!*«

Hilflos, hin und wieder allerdings auch schreiend sehen sie Wolfgang Rammthor in den endlosen Vernehmungen der nächsten Tage und Wochen. Trimmel,
25 Petersen, Höffgen und Laumen vernehmen ihn manchmal allein, manchmal auch zusammen. Nichts

---

der Richter, der Beamte, der einen Prozess führt
ausliefern, abgeben
kein Kraut ist gewachsen, dagegen kann man nichts machen
die Anklage, die Beschuldigung
einen Vogel haben, verrückt sein

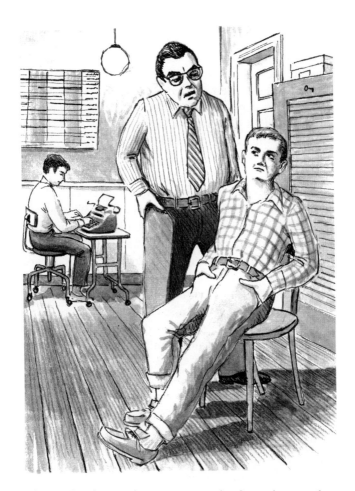

gibt es, das ihm nicht wenigstens dreißigmal unter die Nase gehalten wird.

»Sie haben doch die Schreibmaschine bestimmt erst in der Hein-Heyer-Straße gefunden?«, sagen sie *höhnisch*.

---

höhnisch, ironisch

»Ich habe sie gekauft«, sagt Rammthor, »diese eine und noch eine andere ...«

»Sie haben ja auch einmal *geschworen*, dass Sie auf keinen Fall schießen werden ...«

5 »Geschworen ... was soll der *Quatsch*? Ich wollte nicht schießen. Ist das denn nicht genug?«

»Leider nicht. Die Mordanklage ist Ihnen sicher. Sie können Ihren Kumpel ruhig *verpfeifen*. Nur der kann Ihnen noch helfen!«

10 Nach einigen Anfangsschwierigkeiten hat Wolf-gang Rammthor *zugegeben*, dass er bei dem Überfall auf den Geldboten dabei gewesen ist. Aber auf keinen Fall war er der Mann, der geschossen hat.

Man sagt ihm, dass an seiner Strafe nichts zu ändern 15 ist.

»Du hattest ...«, beginnt Petersen von vorn, »ich meine, Sie hatten ja nun noch dreißigtausend bei sich, als Sie schossen.«

»Sie können ruhig 'du' zu mir sagen!«, sagt Ramm-20 thor.

»Danke, es geht auch so ...«

»Okay. Und was soll das?«

»Wo ist der Rest?«, fragt Petersen. Der Rest von neun Zehnteln der Beute.

25 Wolfgang Rammthor beugt sich zu ihm, fast höflich. »Es war nicht meine Idee, die Leute zu überfallen. Ich hatte von Anfang an ein schlechtes Gefühl. Und ob Sie es mir glauben oder nicht ... ich will ja auch sagen,

---

schwören, feierlich erklären
der Quatsch, der Unsinn
verpfeifen, verraten
zugeben, die Wahrheit sagen

wo das Geld ist, aber ...«

»Aber was?«, sagt Trimmel.

»Dann hättet ihr gleich auch den ... den zweiten Mann.«

»Hat er das Geld?«

»Wer sonst?«

»Dann sag es doch! Wir bekommen ihn ja doch!«

Aber Rammthor setzt sich wieder hin. »Tut mir Leid. Ich sage es nicht. Auch wenn ihr mich *foltert*!«

Das nimmt ihnen fast den letzten Nerv. Die Zeit dieser endlosen Vernehmungen ist viel schlimmer als die Zeit, in der sie den Mann noch nicht hatten.

Schon die fünfte Woche.

»Versteht ihr das?«, fragt Trimmel.

Natürlich nicht, weder Höffgen noch Petersen noch Laumen. Petersen ist besonders sauer, dass seine *Quellen* von früher inzwischen völlig *versiegt* sind.

»Der andere kann nur von hier kommen!«, behauptet er. »Rammthor macht nie etwas mit einem Fremden, nicht einmal mit einem Mann aus Elmsbüttel oder Barmbek ...«

Aber die Vernehmungsleute *versagen* alle zusammen.

Petersen sagt es noch einmal: »Der muss vom Ort kommen! Der muss wissen, wie eine Maschinenpistole funktioniert! Rammthor ist hundertmal vorbestraft, aber geschossen hat er noch nicht ein einziges Mal! Richtig fremd! Es kann einem Leid tun, dass er an so einen fremden Mann gekommen ist ...«

---

foltern, quälen
die Quelle, hier: der Ausgangspunkt
versiegen, hier: aufbrauchen
versagen, keine Kräfte mehr haben

»Mir tut er überhaupt nicht Leid!«, sagt Trimmel herzlos. »Ich tue mir höchstens selbst Leid – sehr sogar!«

Eines Abends, schon im November, gehen sie ins Old
5 Farmers Inn, wo sie seit langer Zeit nicht gewesen sind.
Sie wollen einen Abend mal nicht über Wolfgang Rammthor sprechen und jetzt sprechen sie doch über nichts anderes. Auch der Wirt, der einer der nicht sehr zahlreichen Freunde von Trimmel ist, geht nur an den
10 Tisch, wenn er noch etwas zu trinken bringt.
Erst nach dem Zahlen – kurz vor Mitternacht – wird der Wirt seine Neuigkeit los.
»Paul«, sagt er, »*abgesehen davon*, dass ihr nicht mehr kommt, ich glaube, ich mache den Laden hier zu.
15 Ich mache nicht mehr lange mit!«
Trimmels Schreck ist längst nicht so groß, wie der Wirt gedacht hatte.
»Na und?«, sagt Trimmel. »Das musst du ja selber wissen. Deine Sorgen möchte ich haben!«
20 Kein Wort mehr außer »*Tschüs!*«

Keine guten Nachrichten! Auf der ganzen Linie! Die schlechte Stimmung bleibt in den Büromöbeln hängen. Sie wird auch mit nach Hause gebracht. Rammthor wird längst nicht mehr vernommen. Aber fast
25 täglich nimmt Trimmel nach *Feierabend* seine Freun-

---

abgesehen davon, außer
Tschüs! Auf Wiedersehen!
der Feierabend, der Arbeitsschluss

din und – in diesem Fall – auch seine Zeugin Gaby *auf die Hörner*: »Was machst du eigentlich für ein trauriges Gesicht?«

Er hat nicht einmal ganz Unrecht, denn Gaby ist wirklich todunglücklich und depressiv. Seit einiger Zeit überlegt sie allen Ernstes: Man muss hier irgendwie etwas tun …

Den *Ausschlag* gibt schließlich die Nachricht im MITTAG, der auch nichts anderes mehr schreiben kann als: Eltern weinen um ihren *missratenen* Sohn!

Das ist Wolfgang.

Gaby sagt sich selbst, dass sie verrückt ist. Sie lässt sich nämlich beim *Einwohnermeldeamt* die Adresse der Eltern Rammthor geben. Irgendwo in der Nähe von St. Pauli.

Sie wollte Trimmel fragen, wo die Leute wohnen. Oder einen seiner Leute. Aber die hätten dann nur gefragt, was sie mit der Adresse wollte.

Nichts.

Buchstäblich nichts.

Buchstäblich mit leeren Händen und mit leerem Herzen läutet sie an der Wohnungstür Rammthor. Und wenn jemand geöffnet hätte, hätte sie bestimmt nichts anderes gesagt als den Satz: »Kann ich Ihnen irgendwie helfen?«

Stattdessen öffnet sich die Tür in ihrem Rücken, die andere Wohnungstür in dem Stockwerk. Eine ältere

---

auf die Hörner nehmen, sich über jemanden lustig machen
der Ausschlag, der Ausgangspunkt
missraten, nicht so werden, wie man es erwartet hat
das Einwohnermeldeamt, das Amt, wo die Menschen registriert sind
buchstäblich, wirklich, in der Tat

Frau, auf deren Namensschild »Versmann« steht, fragt dann noch tatsächlich: »Kann ich Ihnen irgendwie helfen?«

»Ich ... ich weiß nicht ...«, sagt Gaby der Wahrheit
5 nach.

»Sind Sie von der Zeitung?«, fragt Frau Versmann.

»Natürlich nicht!«, sagt Gaby.

»Na, ja«, meint Frau Versmann, »so natürlich ist das nun auch wieder nicht!«

10 Aber wenn sie auch *enttäuscht* ist, dass die Dame nicht von der Zeitung kommt – sie gibt doch eine *Auskunft*: »Rammthors sind verreist!«

»Ach«, sagt Gaby, »für länger?«

»Ich glaube nicht«, meint Frau Versmann, »im All-
15 gemeinen fahren sie höchstens einmal zu ihrem Sohn nach Lüneburg. Was sollen sie hier denn auch allein machen?«

»Ja, natürlich ...«, bestätigt Gaby.

»Immer die Reporter! Dabei kommen die Ramm-
20 thors meistens abends schon wieder zurück. Also, wenn ich Frau Rammthor wäre – ich würde hier bestimmt *verschwinden* ...«

Es *reicht*, denkt Gaby.

»Ich komme dann noch einmal wieder!«

25 »Ja, gern!«, sagt Frau Versmann. Und jetzt entscheidet sie darüber, wer bei Rammthors gern gesehen ist oder nicht.

---

enttäuschen, die Hoffnungen und Erwartungen nicht zufriedenstellen
die Auskunft, die Mitteilung
verschwinden, weggehen
reichen, hier: genug sein

In Lüneburg gibt es – so sagt die Telefonauskunft – nur einen Rammthor: Richard, Antiquitäten.

»Ein richtiger Laden?«, fragt Gaby.

»Also, das weiß ich nun wirklich nicht!«, sagt das Telefonfräulein. »Ich meine nur, Antiquitäten, die will 5 er ja sicher auch verkaufen ...«

Logisch, denkt Gaby. Und da sie gerade am Telefon ist, ruft sie bei der Bundesbahn an. Sie *erfährt*, dass vormittags um 10.35 Uhr ein Zug nach Lüneburg fährt. Schon um 11.13 Uhr kommt er dort an. Wenn sie 10 dann den Antiquitätenladen besucht, ist sie immer noch – zum Beispiel um 15.11 Uhr ab Lüneburg – am Hamburger Hauptbahnhof um 15.49 Uhr zurück.

Eigentlich – beruhigt sie sich – ist es ja viel einfacher, einen Laden zu besuchen, als bei völlig fremden 15 Leuten zu klingeln. Und wenn sie auf diese Weise die Familie Rammthor kennen lernen kann – was soll es? Und warum nicht?

Trimmel erfährt am Abend kein Wort, obgleich er endlich einmal früher nach Hause kommt. 20

Gaby fragt nur: »Bist du endlich weitergekommen mit der Sache Rammthor?«

»Frag mich lieber nicht«, sagt er. »Den Rammthor werde ich bald ohne *Geständnis* beim *Staatsanwalt* abgeben, wenn es so weitergeht.« 25

»Mach dich doch nicht kaputt!«, sagt Gaby.

»Nee, nee!«, verspricht er. Aber er ist höchst unzufrieden.

---

erfahren, zu hören bekommen
das Geständnis, die Erklärung, dass man schuldig ist
der Staatsanwalt, der Mann, der die Strafsachen untersucht

Morgens ist er allerdings richtig *aufgeräumt*, als er das Haus verlässt. Er gibt Gaby sogar einen Kuss und meint: »Heute will ich es mal ganz langsam machen!«

»Du kannst ja richtig lachen!«, sagt Gaby.

5 »Da *staunst* du, was?«, sagt er grinsend.

Als er weg ist, packt Gaby zweihundert Mark in ihre Handtasche für alle Fälle – und macht sich langsam auf den Weg zum Hauptbahnhof. Unterwegs fängt es an zu schneien, aber der Zug fährt pünktlich ab und kommt 10 auch nur mit fünf Minuten Verspätung in Lüneburg an.

Die Straße, in der Richard Rammthor seinen Laden hat, ist in der Nähe des Zentrums, sagt man ihr am Bahnhof. Ein Taxi braucht sie also nicht zu nehmen; zu Fuß geht es in Lüneburg meistens schneller.

15 Es schneit immer noch und der Schnee sieht aus wie weißer Schmutz.

Als Gaby zu dem ziemlich komfortablen Laden kommt, geht sie erst einmal vorbei – ein Stück weiter die Straße entlang, wieder zurück auf der anderen Sei- 20 te. Sie bemerkt, dass gegenüber ein Café mit dem Namen Rühl liegt und außerdem auch geöffnet hat.

Dann geht sie quer über die Straße und marschiert mutig auf das Geschäft zu.

Die Ladenglocke *scheppert* wie eine ganze *Kuhherde* 25 in ihrer österreichischen Heimat, doch es scheint niemand da zu sein.

»Geöffnet von 9 – 13 und 16 – 18.30 Uhr« steht auf einem Schild zwischen alten *Engeln* und noch älteren Schusswaffen. Und Teppiche gibt es, an der Wand und

---

aufgeräumt, hier: in guter Stimmung
staunen, sich wundern
scheppern, klappern, klirren

die Kuhherde

auf dem Fußboden – die *dämpfen* jeden Schritt ...

»Was darf es sein?«, sagt eine Stimme.

Sie hat den Mann nicht kommen hören und bekommt einen Schreck. Sie dreht sich herum und sieht, dass er von rechts gekommen ist, aus einem Nebenraum. Und gleich darauf bleibt ihr das Herz stehen. 5

der Engel

»Ja, gnädige Frau?«, *wiederholt* er höflich.

Mühsam sagt sie: »Ich ... ich suche einen Teller ...«

»Aber gern«, sagt er lachend. Es sieht so aus, als ob der *Gold*fleck in seinem Auge tanzt, »wenn Sie mir bitte folgen möchten ...« 10

Soll sie weglaufen?

---

dämpfen, die Lautstärke reduzieren
wiederholen, noch einmal sagen
der Fleck, hier: die Stelle

Es hat keinen Sinn, denkt sie.

Sie folgt ihm und zwischen den Räumen dreht er sich um und sagt grinsend: »Übrigens, mein Name ist Rammthor!«

5 »Montag!«, sagt sie und er bleibt verwundert stehen.

»Ich heiße Montag!«, wiederholt sie schnell.

Da versteht er und lacht. »Hübscher Name. Ich dachte zuerst, Sie machen Spaß ... wo doch heute
10 Dienstag ist.«

82

»Ja, ja ...«, sagt sie und es gelingt ihr wirklich, auch zu lachen. »Dienstag vor Heiligabend!«

Er *kramt* in seinen Tellern. »Soll doch sicher ein Geschenk sein, oder?«

»Natürlich«, sagt sie. »So kurz vor den Feiertagen kommt alles auf einmal ...«

Zum Beispiel der Friseur. Was bin ich froh, denkt Gaby zwischen zwei Tellern, dass ich noch nicht beim Friseur war und momentan meine *Perücke* trage. Damit sehe ich – Gott sei Dank – ganz anders aus ... »Wie finden Sie den Teller?«, fragt Rammthor.

die Perücke

Immer dieses Lachen!
»Sehr ... sehr hübsch!«, sagt Gaby.
Der Goldfleck! Der Goldfleck!

Sehr lange hat die gute *Laune* bei Trimmel an diesem Vormittag nicht gehalten. Das Auto musste er viel zu weit weg parken, nachdem er beschlossen hatte, in die Stadt zu fahren. Und leise, aber unangenehm nass fällt der Schnee. Grau in grau.

Vier Nächte noch zum Heiligabend und es herrscht ein *Rummel* wie auf dem Weihnachtsmarkt.

Aber trotzdem: Trimmel kauft ein! Er kauft sogar während der Dienstzeit ein, friert an den Ohren bei

---

kramen, durchsuchen
die Laune, die Stimmung
der Rummel, lebhafter Verkehr

zwei Grad minus und kauft zwischen Mönckebergstraße und Staatsoper eine Handtasche für Gaby – eine echte Krokodilimitation für sechsundvierzig Mark – und Hausschuhe im norwegischen Stil. Und der Himmel schickt einen Sonnenschein durch eine Wolke auf den Markt, als Trimmel sogar noch einen kleinen Weihnachtsbaum kauft, in einem *Topf*.

»Soll ich Ihnen eine *Manschette* herummachen?«, fragt die Verkäuferin.

die Manschette

der Topf

»Nicht nötig!«, sagt er ärgerlich. Sie bekommt einen Schreck. Der Preis ist der gleiche.

Für seinen Kollegen Petersen kauft Trimmel noch eine schöne Krawatte, weil er so gern zu jungen Damen geht. Für Höffgen kauft er ein Buch zum verbilligten Preis, weil er so selten liest und *sich* endlich einmal *bilden* soll. Für Laumen schließlich ein paar warme Handschuhe, weil er – als der Jüngste – am meisten draußen steht und das ganze Jahr über aufpasst.

Dann aber reicht es.

---

sich bilden, durch viel Lesen klug werden

Es ist schon eine Sensation, dass bei Trimmel heute der Weihnachtsmann dominiert. Ein Kollege hat ihn einmal eine Mischung zwischen einem Weihnachtsmann und einem russischen General genannt.

Sorgfältig legt er eine Decke über die Geschenke in 5 seinem Wagen, damit sie niemand sieht. Und diesmal kämpft er sich wirklich wie ein General durch den Weihnachtsrummel zurück ins Präsidium.

»Oh, Moment ...!«, schreit Petersen in den Telefonhörer, als Trimmel in das Zimmer kommt. Gerade 10 wollte er auflegen. Jetzt gibt er Trimmel den Hörer und freut sich: »Telefon, Chef!«

»Warum grinst du so?«, fragt Trimmel. »Ja, hier Trimmel ...?«

»Paul«, sagt Gaby, die sonst nie im Büro anruft, »du musst sofort nach Lüneburg kommen!«

Ihre Stimme klingt so *gehetzt*, ja, *verzweifelt*, dass er fragt: »Wo bist du denn?«

5 »In Lüneburg!«, sagt sie. »Aber du musst sofort ...«

»Ich muss arbeiten!«, sagt er, »ich kann doch nicht den ganzen Tag ...«

»Du sollst ja arbeiten ...«, sagt sie, »außerdem ...«

»Außerdem ...?«

10 Eine Sekunde Pause.

Dann kommt ein gequältes Lachen aus Lüneburg. »Bitte, Paul! Es ist sehr wichtig! – Habe ich das schon einmal früher gesagt? Ich muss dir etwas zu Weihnachten schenken und das geht nur heute und jetzt sofort!«

15 Dieses Weihnachten macht alle Menschen verrückt. »Wann und wo?«, fragt Trimmel.

»Im Café Rühl in der Nähe vom Bahnhof. Du fährst eine gute halbe Stunde ...«

Trimmel sagt: »Moment mal!«, nimmt den Hörer 20 vom Ohr und fragt Petersen: »Gibt es hier etwas Besonderes?«

»Überhaupt nichts, Chef!«

Dann spricht er wieder in den Hörer. »Also gut, ich fahre dann gleich los!«

25 Er ist schrecklich *neugierig*, was Gaby sich mit diesem Treffen denkt – dem ersten Treff mit Trimmel seit langer, langer Zeit. Außerdem ist der Tag *sowieso* halb kaputt durch diese idiotischen Weihnachtseinkäufe.

---

gehetzt, gejagt
verzweifelt, hoffnungslos
neugierig, sehr interessiert
sowieso, auf jeden Fall

Er fährt so schnell er kann: zur Autobahn Hanno-
ver-Bremen, die Bundesstraße 4 über Maschen, Stelle,
Winsen, Bardowick. Direkt vor Lüneburg fragt er an
einer *Tankstelle* nach dem Café Rühl.

die Tankstelle

Der Weg wird ihm gut beschrieben und er findet
auch überraschend schnell einen Parkplatz, geht in das
Café und da sitzt tatsächlich Gaby – aber wie!

Sie sitzt am Fenster, ist plötzlich sehr *erleichtert*, als
sie Trimmel sieht, bleibt aber trotzdem sitzen und lässt 10
die Straße nicht aus den Augen.

»Wie siehst du denn aus?«, fragt Trimmel.

»Warum?«, fragt sie zurück.

»Mit dieser Perücke und dem Make-up bist du ja gar
nicht zu erkennen ...«   15

»Ich wäre es leicht gewesen!«, sagt Gaby todernst.
»Sieh mal, da drüben ...«

»Da, der Laden?«

Sie nickt.

Antiquitäten, liest Trimmel, sieht sehr fein aus. 20
Alte Kunst – alte Waffen – alte Teppiche.

Es ist 12.58 Uhr.

---

erleichtert, mit leichtem Herzen

»Da, jetzt kommt er!«, sagt Gaby flüsternd, obgleich
es draußen bestimmt niemand hören kann.

Ein Mann tritt aus der Tür des Geschäfts und Trimmel trifft fast der Schlag. Er hat den Mann nur für
5 einen Bruchteil einer Sekunde erst von vorn und dann
nur von hinten gesehen. »Das ist doch ...«

»Das ist dein Mörder!«, sagt Gaby.

»... ja, sicher – Rammthor ...!«

Rammthor dreht sich um. Auf dreißig Meter Entfer-
10 nung deutlich zu sehen: gut einsachtzig groß, kurzes,
fast schwarzes krauses Haar, *schlank* und sportlich, das
hübsche, etwas südländische Gesicht, die scharfe
Nase – nur die Kleidung etwas anders als sonst: dezent,
nicht so auffällig.

15 »Wolfgang Rammthor ...!«, sagt Trimmel aufgeregt.

»... heute Morgen war nichts über seine *Flucht* ...«

»Richard!«, sagt Gaby, »Richard Rammthor!«

Richard Rammthor geht zu seinem Wagen mit der
Lüneburger Nummer, Mercedes 350 SEL, registriert
20 Trimmel – und fährt langsam weg. Bestimmt nicht
schneller als die Polizei erlaubt.

Gaby wiederholt: »Richard Rammthor!«

»Ein ... ein Bruder ...?«, sagt Trimmel, immer noch
verstört.

25 »Ein *Zwilling*sbruder«, sagt Gaby, »ein *Doppelgänger* ... bis auf einen Punkt. Er hat ein Goldauge!«

Rammthor mit dem Goldauge fährt davon. Weit

---

schlank, schmal, dünn
die Flucht, das Weglaufen vor einer Gefahr
der Zwilling, ein Kind, das mit einem anderen Kind gleichzeitig von
einer Mutter geboren ist
der Doppelgänger, ein Mensch, der einem anderen Menschen sehr
ähnlich sieht

kann er nicht kommen.

Weit kommt er auch nicht.

Eine Stunde später wird Richard Rammthor mit Hilfe der Lüneburger Kriminalpolizei in seinem Haus festgenommen. 5

»Ich mache es allein!«, sagt der Lüneburger Hauptinspektor, der für Mord und Totschlag *zuständig* ist. Unauffällig wie ein Geschäftsmann geht er die Treppe hoch und läutet. Und Richard Rammthor macht selbst die Tür auf und sieht in eine Pistole. 10

»Keine Bewegung!«, sagt der Inspektor. »Nehmen Sie die Hände über den Kopf!«

Richard Rammthor tut es.

Trimmel und zwei weitere Beamte kommen gelaufen und untersuchen Richard Rammthor, der bis jetzt kein 15 einziges Wort gesagt hat. Sie finden keine Waffe und legen ihm die Handfesseln an.

»Sind Sie Richard Rammthor?«, fragt Trimmel.

Der Mann nickt. Und sein erster Satz ist ein Geständnis: »Ich wusste, dass es nicht gut gehen konnte!« 20

Er wird in das moderne Lüneburger Polizeihaus und später sicher nach Hamburg gebracht, wo man ihn seinem Bruder und den Tatsachen gegenüberstellen wird – einen *ehrenwerten* Geschäftsmann auf dem Antiquitätenmarkt mit *unüberwindlichen* finanziellen 25 Schwierigkeiten, die er mit Hilfe seines kriminellen Bruders auf mörderische Weise *lösen* wollte.

Auf der Rückfahrt nach Hamburg sitzt Gaby die

---

zuständig, kompetent für eine bestimmte Sache
ehrenwert, anständig, ehrlich
unüberwindlich, sehr groß
lösen, hier: wegbringen

ganze Zeit neben Trimmel und sagt nichts. Auch Trimmel macht erst hinter Wittorf den Mund auf. »Sag mal, bist du eigentlich verrückt?«

»Ich war verrückt vor Angst ...«, sagt sie.

5 »Konntest du mir nicht früher Bescheid geben, was da los ist?«

»Bitte, Paul«, sagt sie klagend, »ich wusste es doch auch nicht! Ich fühlte nur, dass da irgendetwas bei der Zeichnung von Anita nicht *stimmte* ... aber Zwillings-
10 brüder ... und dass es dieser Fehler im Auge war ...« Goldgelb, fast wie ein Herz – eine Änderung der Natur ...

»Und wenn er dich nun erkannt hätte?«, sagt Trimmel böse.

»Dann hätte er mich vielleicht *umgebracht*!«, sagt
15 Gaby.

Ja, wenn ...

Im Grunde hat es ja keinen Zweck, die ganze Zeit in der Sache *herumzustochern*.

»Wenn du Petersens Gesicht gesehen hättest ...«,
20 sagt Trimmel nach einer Weile, wieder beruhigt.

»Warum? Wann hast du das denn gesehen?«, fragt sie.

»Gehört!«, sagt er, nicht sehr logisch. »Am Telefon! Endlich war ihm klar, warum dieser Wolfgang so *stur*
25 war, als wir von seinem Kumpel sprachen!«

»Ja, sicher, weil es sein Bruder war ...«

Und Trimmel nickt. »Das nächste Mal werden wir sofort nach Brüdern fragen. Wir hätten viel Arbeit gespart!«

---

stimmen, richtig sein
umbringen, töten
herumstochern, tief hineinstechen
stur, etwas fest halten

Nur Arbeit ...?

Die *Spannung* im Wagen ist immer noch da, manchmal nicht zum Aushalten! Die Stimmung wechselt von einer Sekunde zur anderen. Irgendwann finden sie einen Parkplatz und Trimmel fährt plötzlich rechts herum.

»Was ist?«, fragt Gaby.

Als der Wagen dann steht, verlangt Trimmel todernst: »Bitte, schwöre, dass du so etwas nie wieder tust!«

»Ich schwöre!«, sagt sie feierlich. Und jetzt zittern ihr heftig die Knie und sie ist froh, dass Trimmel bei ihr ist.

»Ich habe übrigens etwas für dich gekauft!«, sagt sie und packt den Teller aus, den sie bei Richard Rammthor gekauft hat. »Hier ...«

»Danke!«, sagt er, nimmt ihn zwischen die Hände, prüft ihn von hinten und von vorn und fragt: »Was hast du dafür bezahlt?«

»Das sage ich nicht!«, sagt sie und lächelt wieder.

»Ich will es aber wissen – wegen der Untersuchungen! Wir müssen ihm ja noch seine Beute aus der Nase ziehen ...«

»Hundertdreiundzwanzig!«, sagt sie.

»Hundertdreiund ...?« Das Wort bleibt ihm im Halse stecken.

»Ist das denn wichtig?«

»Natürlich!«, sagt Trimmel. »Über den Schädel hat er dich nicht *gehauen*, aber *übers Ohr*!«

---

die Spannung, die Ungeduld
übers Ohr hauen, einen zu hohen Preis verlangen

Das ist die Geschichte Rammthor, die mit einem vollen Geständnis von Richard Rammthor endet und außerdem mit einem Wein*krampf* – nicht etwa bei Richard, sondern bei Wolfgang, dem harten Verbrecher. *Lebenslänglich* bekommen sie beide.

Zu den dreißigtausend Mark, die bei Wolfgang gefunden wurden, werden in Richards Antiquitätengeschäft noch zweihunderttausend Mark gefunden - ziemlich neue Scheine zwischen alten Sachen. Mit dem Rest hat Richard *offenbar* seine wichtigsten Schulden abgezahlt.

Und dann ist endlich Weihnachten, auch im Hause Trimmel. Fünf Lichter brennen an dem kleinen Weihnachtsbaum – ohne Manschette. Darunter liegen die Handtasche und die Hausschuhe und ein paar andere Sachen und auch der teure Teller aus Lüneburg.

»Es muss eine Weile her sein«, sagt Trimmel, »dass wir hier Lichter gehabt haben. Aber du machst ja alles ...«

Gaby bringt ihm ein Bier und sagt erst einmal – als kluge Frau – gar nichts, dreht den Fernseher leiser und setzt sich mit einem Gin Tonic daneben.

»Habe ich dir eigentlich schon erzählt«, fragt Trimmel, »dass das Old Farmers zumacht?«

»Nein«, sagt sie. »Das tut mir aber Leid ...«

»Mir auch«, sagt er ehrlich. »Auf der anderen Seite: was spart man da an Taxigeld!« Und dann wird er rich-

---

der Krampf, plötzliche Schmerzen in den Muskeln
lebenslänglich, das ganze Leben im Gefängnis
offenbar, sicherlich

tig *redselig*: War ein komisches Jahr, meint er! Er erzählt
von den »komischen« Fällen, die er hatte. Er erzählt
von Bernd Herbst, der ihm aus Teneriffa geschrieben
hat. Gaby hat ihn ja auch kennen gelernt, als sie mit
Trimmel ein paar Wochen auf Teneriffa war ...   5

Der Abend geht weiter und wird dann noch gemüt-
lich. Es wird spät und schließlich geht der Abend ohne
besondere *Vorkommnisse* zu Ende.

»Gute Nacht, Gaby!«, sagt der Polizist Trimmel
zwei Stunden nach Mitternacht.   10

---

redselig, gern sprechend
das Vorkommnis, das Geschehen

Fragen

1. Welche Möglichkeiten haben die Verbrecher,
   mit der Bundesbahn von Ulm nach Hamburg
   zu kommen?

2. Warum reisen die meisten deutschen Verbrecher
   nach Hamburg?

3. Welche Funktionen haben der Schaffner und die
   Zugsekretärin im TEE?

4. Welche Vorbereitungen treffen die Beamten der
   Kriminalpolizei und der Bundesbahn in Hamburg?

5. Warum fährt der Zug auf ein totes Gleis?

Fragen

1. Beschreibe bitte den Banküberfall vor der Bank!

2. Warum wird Gabys Freundin Anita Berg ins Polizeipräsidium gebracht?

3. Was hören wir von der Familie Rammthor?

4. Welchen Eindruck macht Trimmel auf den Leser?

5. Warum erzählt Gaby ihrem Freund Trimmel nichts von der Fahrt nach Lüneburg?